DEUTSCH-RUSSISCHE NACHBARSCHAFT

D1641838

JOHANNES BARNICK

DEUTSCH-RUSSISCHE
NACHBARSCHAFT

LANDTVERLAG

INHALT

Vorwort
von Thomas Fasbender – 7

Johannes Barnick
Deutsch-russische Nachbarschaft – 17

VORWORT

Einen (un)passenderen Zeitpunkt hätte der Verlag sich für diese Neuauflage nicht aussuchen können: *Deutsch-russische Nachbarschaft*, an einem historischen Tiefpunkt der deutsch-russischen Beziehungen. Doch in diesem scheinbaren Widerspruch liegt auch der Reiz, sich mit Johannes Ferdinand Barnicks höchst unzeitgemäßen Gedanken aus dem Jahr 1959 zu befassen. Hinzu kommt: Hätte es den 24. Februar 2022, den Tag des russischen Einmarschs in der Ukraine, nicht gegeben – wir stünden vor seinem Text wie der sprichwörtliche Ochs vorm Berg. Wir, die posthistorischen Menschen, die im 21. Jahrhundert ›angekommen‹ sind und das Ende der Geschichte hinter uns haben. Bei Barnick gibt es keine Win-win-Szenarien und keine wertebasierte internationale Ordnung, keine feministische Außenpolitik und erst recht keine »politics of inevitability«, wie Timothy Snyder den sicheren Glauben an den unaufhaltsamen Fortschritt nennt.

Vielleicht hätten wir das Buch rasch beiseite gelegt. Da dichtet ein Autor den Völkern Wesen und Natur an, versucht sich in ethnogenetischer Psychologisierung und schweift in Dimensionen von Macht-, Interessen- und Realpolitik. In Methode und Begrifflichkeit ist es das Werk einer Vorkriegsgeneration. Allein der Stil des gebildeten, essayistischen Philosophierens – mehr 19. als 20. und definitiv kein 21. Jahrhundert.

Doch mit der Rückkehr des europäischen Krieges wird alles anders. Dabei waren wir uns so sicher: Nicht widerstreitende Kräfte regieren die Weltgeschichte, sondern Prinzipien. Werte. Selbstbestimmung der Völker,

Unverletzlichkeit der Grenzen und irgendwann, wenn die Geschichte endgültig zu Ende gegangen ist, die liberale Demokratie. So die westliche Utopie seit dem Zweiten Weltkrieg, eine Utopie, der Johannes Barnick mit keiner Zeile anhängt. Für ihn erfüllt sich Politik in der kulturellen, geistigen und historischen Bedeutung eines Gemeinwesens, nicht in durchgesetzten Prinzipien. Das macht ihn zum Anhänger von Sonderwegen – wobei jede Nation ihren eigenen geht. Der deutsche vollzieht sich im Kraftfeld der europäischen Mittellage, wobei der Begriff von Deutschland bei Barnick – er ist Jahrgang 1916 – einen Raum beschreibt, der auch im Geistigen entschieden weiter nach Osten reicht als die heutige Bundesrepublik. Vor diesem Hintergrund entwickelt er die Beziehung zwischen Rußland und Deutschland als Bedeutungskontext mit einer starken historisch-kulturellen Note.

Um diese special relationship zu legitimieren, zu untermauern, bemüht Barnick die Denktradition seit dem Mittelalter und besonders seit Luther, ganz besonders aber die in Preußen blühende Philosophie der Jahrzehnte um 1800. Deutschland wird ihm zum Ideengeber einer nichtmerkantilen Utopie und Rußland zur Projektionsfläche nichtmerkantiler Hoffnungen: »Von Hegel über Marx und Engels wie auch von Hegel direkt zu Lenin war es *deutscher* Geist, der 1917 in Rußland zündete. Rußland ist hier geradezu deutscher als Deutschland.« So etwas schreibt kein Konservativer, erst recht nicht 1959, als die Stalin-Greuel offen zutage lagen. So etwas schreibt ein wahrer Reaktionär, dessen Herzensdeutschland sich schwerpunktmäßig östlich der europäischen Mittellinie befand. Kein Wunder, daß er den Amerikanern mit ihrem »aufdringlichen Gemisch von Moral und Erwerbssinn« nicht gerade wohlgesonnen ist. Die Problematik »wird noch von Tag zu Tag dringlicher, je mehr die moderne Massengesellschaft, wie man es heute gern ausdrückt, ›atomisiert‹ wird, je mehr sie also aufhört, Gesellschaft zu sein, je mehr auch die letzten Restbestände, etwa die Familie, anonymen Zwangsläufigkeiten erliegen.«Daß die Sowjetunion sich mit ihrem System auf einen Holzweg begeben hat, ist Barnick nicht entgangen. Um so mehr wünscht er sich die Wiederbesinnung auf das, was er »deutsche Geistestradition« nennt: »Die schöpferische Erweckung, Fortbestimmung, Verwandlung dieser Tradition hin zu neuen Lösungen würde alles, was heute zwischen Deutschland und Rußland an Fragen schwebt, gleichsam von innen her in ein anderes Licht rücken. Rußland erhielte dadurch eine Chance, ohne einen weiteren gegenläufigen Traditionsbruch und das damit wieder verbundene lebensgefährliche Risiko vom Holzweg auf den Hauptweg zurückzukommen.« In diesem Fall erhielte Deutschland wieder etwas von der Kulturbedeutung, die es einst »über alles Wirtschaftliche hinaus« für Osteuropa und insbesondere für Rußland besessen habe.

Es ist eine Bedeutung, die sich in ihrer Abgrenzung von allem Merkantilen manifestiert – und die im jungen Nachkriegsdeutschland, seiner westlichen Hälfte, einen offensichtlichen Mangel darstellt: »Deutschland braucht diese Bedeutung, die durch Trinkgelder, Kredite, Lieferungsverträge durchaus nicht erreicht werden kann, heute *mehr* als früher!« Bei seinen Zeitgenossen trifft er da auf wenig Widerhall: »Deutschland ist heute das Schlaraffenland der Erfolgswichte, denen die moralische Prostitution längst zur selbstverständlichen Voraussetzung des sozialen Aufstiegs wurde.«

Der Weg des westlichen Teildeutschlands enttäuscht ihn zutiefst; geradezu händeringend sucht er nach Auswegen. Er ahnt auch, daß die von Adenauer konsequent vertretene Westbindung der Bundesrepublik das Ende des deutschen Weges einläuten wird. Um das zu verhindern, geht er sogar dem Sowjetstaat weit entgegen, in Gedanken jedenfalls. Mit dem moralischen Gewicht der alten Nationen des Westens, Frankreich und Großbritannien, bildeten diese ein Gegengewicht zur physisch maßlos überlegenen, aber »traditionsarmen Supernation« USA. Für Barnick gibt es eine weitere, analoge europäische Verfugung: »Auf dieselbe Weise hielt Preußen der anderen, östlichen Supernation einst das Gleichgewicht.« Doch das deutsch-russische Verhältnis ist zerfallen, was unter anderem dazu geführt hat, daß der Raum zwischen den beiden Ländern – Barnick nennt ihn Zwischeneuropa oder osteuropäische Schütterzone – in der Nachkriegszeit dem übermäßig nach Westen gerückten Sowjetimperium einverleibt war. Diesen Zustand glaubt er Ende der Fünfziger über eine deutsch-russische Achse heilen zu können: »Gerade hier aber sollte auf Grund der deutschen und russischen Traditionslage, der Geistesverwobenheit über Hegel, Marx und Lenin auch Abhilfe nicht unmöglich sein.«

Es ist ein vermessener Wunsch, radikal wirklichkeitsfremd. Doch bei aller historischen Verkürzung – dem Innenverhältnis der Westmächte das preußisch-russische Innenverhältnis zum Vergleich gegenüberzustellen ist kein uncharmanter Versuch. Hier wie dort sind die Unterschiede maßgeblich, auch zwischen Deutschen und Russen: »Die Ähnlichkeit der beiden Völker hat ihre Grenzen. Und von Gleichheit vollends kann nicht einmal annähernd die Rede sein.« Entsprechend kurz, verglichen mit den Zeiten guter Nachbarschaft, sind die Phasen echter Freundschaft und echter Feindschaft: »Preußen oder dann Deutschland führten bekanntlich nach 1815 *nie wieder als Verbündete einen Krieg.*«

Natürlich ist es von Bedeutung, daß Rußland und Deutschland die längste Zeit keine Nachbarn ›hart im Raum‹ waren – so wie sie auch heute keine sind. Barnick nennt das *Nachbarsnachbarschaft,* die gekennzeichnet ist von einem Minimum an kollidierenden Interessen. Deren Mangel begünstigte die Politik gegenseitiger Neutralität, die Bismarck als Fundament einer jahrzehntelang nachhaltigen Friedensarchitektur diente: »Bei den polnischen Aufständen, dem Krimkrieg, den deutschen Einigungskriegen und nicht zuletzt den verschiedenen am Krieg scharf vorbeigesteuerten ›Krisen‹ war immer wieder [die Neutralität], nicht Waffenhilfe, der Freundschaftsbeweis, der wechselweise erwartet und geleistet wurde. Es war ein Segen für beide Völker, das ganze Jahrhundert hindurch.«

Man liest das mit Wehmut in einer Zeit, da die Welt in einen neuen manichäischen Konflikt geworfen wird: Demokratie gegen Autoritarismus. Wenn Gut und Böse kämpfen, gibt es keine Neutralität. Da gibt es auch kein Halten und kein Maß. Hegemoniale Machtausübung im Namen höherer Gewalt – nichts anderes ist die westliche Politik universaler Werte – muß die totale Mobilmachung provozieren. Barnicks Hoffnung, Deutschland könnte da einen Unterschied bewirken, könnte das westliche Prinzip vielleicht relativieren, hat ihn nicht überlebt. Sätze wie diese wären heute unmöglich: »Preußen war nach Rußland hin so ein Neutrum; auf nichts als dies lief die Freundschaft hinaus. Und es war dasselbe nach Westen, nach dem eigentlichen Europa hin. [...] Die unglaubliche Stabilität des 19. Jahrhunderts, unglaublich im Verhältnis zum Anwachsen der Konfliktstoffe und zugleich der technischen Mittel, wird erst von hier aus begreiflich.«

63 Jahre nach Erscheinen der *Deutsch-russischen Nachbarschaft* streicht Deutschland vor dem neuen Bösen endgültig die Segel. Es reklamiert keine eigene politische Gestaltungskraft mehr – es reduziert sich auf seine Milliarden, für die man Waffen kaufen kann. Waffen für die Demokratie.

Eine verläßliche Regel des 19. Jahrhunderts lautete: Wenn Deutschland und Rußland sich gut verstehen, dann geht es auch Europa gut. Das hatte unter anderem damit zu tun, daß die Schütterzone – das heißt Zwischeneuropa: das unruhige, instabile Polen-Litauen und der südliche Raum, den die noch viel unruhigeren, unbändigen ukrainischen Kosaken bevölkerten – bis 1918, das ganze Jahrhundert über, den Kaiserreichen Deutschland, Rußland und Österreich-Ungarn untertan war. Insofern waren die polnischen Teilungen Ende des 18. Jahrhunderts auch eine Voraussetzung der Friedensphase nach den Napoleonischen Kriegen. Zugleich waren sie das Ergebnis der russisch-preußischen Annäherung nach dem Siebenjährigen Krieg: »So begann unter Friedrich dem Großen und jener Katharina, die immerhin ein Voltaire gleichfalls als die Große bezeichnete, die legendäre Freundschaft, die [...] dem 19. Jahrhundert und negativ, durch ihr Erlöschen, auch noch dem unsrigen ihr Zeichen aufprägen sollte.« Das Mißtrauen aller polnischen Generationen seither hat seinen Grund.

Das Ende dieser Freundschaft begann mit der Geburt der Mittelmächte 1879, lange vor Bismarcks Entlassung: »Man erhob in Berlin jene gute Beziehung zu Petersburg, der man den Aufstieg verdankte, anschließend nicht zum Erhaltungsprinzip. [...] Am Rüstzeug der großen Vergangenheit empfand man nur noch die Last, nicht den Sinn: Man warf es wie Ballast beiseite, zuerst den Draht nach Petersburg, die alte Freundschaft mit Rußland. [...] Am Ende stand der Erste Weltkrieg, stand ein exemplarisch gleichartiger, gleich radikaler Niederbruch Deutschlands und Rußlands!«

Am Ende des Ersten Weltkriegs stand auch die Rückkehr Zwischeneuropas. Deren Bedeutung blieb angesichts der mißglückten deutschen Revanche und der Ausdehnung des Sowjetimperiums bis an die Elbe für einige Jahrzehnte unerkannt. Erst seit 1990 werden wir ihrer gewahr. Barnick beschreibt den Raum als »Völkerband« zwischen Deutschland und Rußland, als »Teufelsgürtel Europas oder in spezieller Hinsicht auf seine südliche Hälfte als das europäische Pulverfaß«.

Dieses Band erstreckt sich vom Baltikum bis ans Schwarze Meer, ein riesiger Raum, in dem kaum eine Grenze älter ist als hundert Jahre. Nach 1990 hat der Westen den Großteil davon nach seinen Ordnungsvorstellungen befriedet. Unvergessen waren die Erfahrungen der Zwischenkriegszeit, als ein Teil dieser Länder den autoritären Ideologien der Epoche aufsaß. Dem westlichen Ziel dienten die EU- und Nato-Osterweiterungen, nicht zuletzt die politische Stärkung der EU, die seither systemstabilisierend wirken kann. Die Eindämmung Rußlands war ein willkommener Begleiteffekt. So stellt es sich jedenfalls in den westlichen Hauptstädten dar. Die betroffenen Länder basteln durchaus an eigenen Agenden. Nicht ohne Grund weckt die im Sommer 2020 mit dem Lublin-Dreieck geschaffene Allianz zwischen Polen, Litauen und der Ukraine Erinnerungen an das 1569 im selben Lublin entstandene polnisch-litauische Großreich. Unter dem Namen Międzymorze (›Zwischenmeer‹) geistert ein ähnlicher Plan seit über hundert Jahren durch die polnische Politik.

Die Ost-West-Drift in der Europäischen Union, der zähe Widerstand der Polen und Ungarn gegen innenpolitische Bevormundung durch Brüssel: alles deutet auf eigene Ziele und Vorstellungen hin, wenn nicht gar auf ein machtpolitisches Comeback der Ostmitteleuropäer. Die Umstände sind günstig. Den USA dient der Raum als Riegel gegen russische Ambitionen. Zudem verhindert ein starkes Ostmitteleuropa, daß auf dem brachen Acker der deutsch-russischen Nachbarschaft je wieder Gras wächst. Die quasi doppelte Rückendeckung aus Washington stärkt Polen und Ungarn in ihrer Unbotmäßigkeit Brüssel gegenüber.

Auch die Ukraine ist ein uralter, seit je umstrittener Bestandteil der Schütterzone zwischen Rußland und dem Westen. Barnick erinnert an die Kirchenunion von Brest im Jahr 1596: »Inzwischen hatte in der Ukraine das große Wählen begonnen, das Schwanken zwischen Freiheit und

Rechtgläubigkeit, zwischen dem verdächtig gewordenen Adelsreich und dem nach wie vor ungeliebten, aber nun fast als das kleinere Übel erscheinenden Moskowitertum.«

Es gibt nichts Neues unter der Sonne. Das zu begreifen wird zur großen Aufgabe der Gegenwart, die viel zu lange verliebt war in ihr Vernünftigsein, den Fortschritt und das Ende der Geschichte. Die europäische Moderne, vom 19. bis ins 21. Jahrhundert mit Ausnahme der Kriege 1914–45, war selbst im Kalten Krieg gekennzeichnet durch geordnete Verhältnisse und die Präsenz weniger, großer Mächte, die klare Regeln diktierten. Voraussetzung war die Überwindung der zwischeneuropäischen Instabilität – eine Entwicklung, deren Anfang Barnick im Aufstieg zweier Herrschaften mit klaren, kargen und zukunftsfähigen Prinzipien verortet: Brandenburg und Moskau. »Sie enthielten bereits die Keime zu dem, was man später mit Staunen und Schrecken als ›preußisch‹ und ›moskowitisch‹ bezeichnen sollte.«

Nach 1945 war Zwischeneuropa sowjetisch befriedet, seit den Neunzigern zählt der größte Teil zur liberalen ›benevolent hegemony‹ der USA – bis auf die Ukraine, Belarus und Moldawien. 2022 wird dort erstmals wieder Krieg geführt. Barnick gewinnt aus dem Ausgang der Schlacht bei Poltawa 1709 eine zeitlose Erkenntnis: »Alle Beteiligten wußten fortan, wie einheitlich der Raum zwischen Ostsee und Schwarzem Meer ›reagiert‹, wie sehr seine Schwäche auf fremde Mächte als Sog wirkt und welche bedenklichen Folgen das für die Anrainer nach sich zieht.«

1987 starb der Autor. Er würde Deutschland dreißig Jahre nach der Vereinigung nicht wiedererkennen. Auch die deutsch-russische Nachbarschaft spielt keine Rolle mehr. Zu geschichtlicher Gestaltung fühlt Deutschland sich nicht mehr berufen, sowenig wie Paraguay oder Malaysia oder ein anderes Land. Wenn es jenseits des Privaten kollektive Ziele gibt, dann um Gutes zu tun: an Bedürftigen, am Klima, an der Demokratie. Besitzen wir noch zwei Gesichter, »wie mit einem Januskopf zugleich nach Westen und Osten, nach der streng geprägten Kulturlandschaft Westeuropas und den geschichtslosen Weiten Asiens« blickend? Wohl kaum.

Moskau, im März 2022   *Thomas Fasbender*

JOHANNES BARNICK

DEUTSCH-RUSSISCHE NACHBARSCHAFT

Der Erinnerung
an meinen Vater, Karl F. Barnick,
den letzten Superintendenten des
Kirchenkreises Neumarkt
in Schlesien

I.

Seit dem Mirakel des Hauses Brandenburg, dem russischen Thron- und Kurswechsel in der Schicksalsminute des Siebenjährigen Krieges, ging es Preußen und dem preußisch reorganisierten Deutschland immer dann gut, wenn auch die Beziehung zu Rußland gut, und dann schlecht, wenn auch diese schlecht war. Das ist eine Tatsache, die man anstößig finden mag, die man deutend einstufen und degradieren mag, wie man will, die man aber in ihrem runden, einfachen Wesen als Tatsache auf keinen Fall aus der Welt schaffen kann. Ohne den Tod der Zarin Elisabeth am 5. Januar 1762 und Rußlands darauf folgende radikale Schwenkung hätte Friedrich der Große dem gesamten übrigen, immer noch gegen ihn einigen Kontinent kaum weiter unnachgiebig zu trotzen vermocht. Und kaum also wäre Preußen, das letzte Faustpfand in Deutschlands sonst verfehlter moderner Geschichte, im Frieden von Hubertusburg dann endgültig in den Kreis der Großmächte aufgerückt.

Es wäre falsch, den Zufall, der hier waltet, zu vertuschen, ihn gar in eine Notwendigkeit mythisch-höherer Art umzudeuten. Es wäre indes genauso falsch, über ihm die *echte* Notwendigkeit, die er lediglich auslöste, zu verkennen. Denn wäre die Zarin nicht »rechtzeitig« gestorben und hätte – man weiß es nicht – Friedrich der Große sich daraufhin etwa wirklich nicht länger behaupten können, so wäre Preußen allerdings schon 1762 in einer Weise niedergebrochen wie dann 1806 in der Tat. Doch blieb es 1806 ja bekanntlich nicht bei dem Niederbruch: Ein steilerer Aufstieg folgte! Der Staat, der im Jammer des

Dreißigjährigen Krieges zu seiner Seele gefunden hatte, gewann immer wieder gerade aus der Gefahr seine eigenste Möglichkeit. Die Behauptung, daß diese typische Reaktion ausgerechnet in jenem hypothetischen Fall unterblieben wäre, ist alles andere als überzeugend. Das Gegenteil ist *wahrscheinlich* – was bei einem so vagen Streit um niemals Eingetretenes schon sehr viel bedeutet. Preußens Aufstieg war kein Zufall: Er war die unvermeidliche, zwingend notwendige Reaktion auf die Auflösung des bisherigen deutschen Staates, des Heiligen Römischen Reiches deutscher Nation, nebst aller daraus folgenden nicht etwa nur politischen, sondern auch wirtschaftlichen und kulturellen, ja sittlichen Erniedrigung. Da die Auflösung von selbst weitergeht, während der Wille, sich nicht mit ihr abzufinden, die umgekehrte Entwicklung heroisch erzwingen muß, ist es weder verwunderlich noch ein Einwand, daß ein forcierter, »preußischer« Aufstieg Zufälle, halsbrecherisch knappe Verbindungen von ungewöhnlicher Leistung und ungewöhnlicher Lage, um sich dichter als üblich anhäuft. Gerade das beweist, wenn man mehr als *einen* derartigen Zufall, wenn man ihren bizarren Wechsel im ganzen betrachtet, nur die innere Konsequenz, die Notwendigkeit des ja trotzdem einheitlichen Prozesses.

Das gilt beispielhaft für das Mirakel. Im Grunde nämlich paralysierte hier nur der eine Zufall einen anderen, noch unglaublicheren: Die große Koalition gegen Preußen war ja von der Interessenlage her nur für Österreich, Sachsen und Schweden sinnvoll. Um Rußland und Frankreich daran zu beteiligen, diese geborenen Feinde Österreichs und also Verbündeten Preußens, hatten haarsträubend ausgefallene Zusatzbedingungen unerwartet verschmelzen müssen: die Verschwörung der Unterröcke, die konzentrisch gegen Friedrich gerichtete Animosität der Zarin Elisabeth und der Frau von Pompadour, dazu die preußisch-englische Westminsterkonvention und die groteske Verkennung derselben in Frankreich, dazu schließlich das geschmeidige Ränkespiel des die Möglichkeit des Absurden ernst nehmenden, Interessen und Sentiments verblüffend koordinierenden Kaunitz. Daß das so zweifelhaft fundierte Bündnis bei der ersten Gelegenheit, dem Tod der Zarin, wieder zerfiel, ist im Grunde weniger mirakulös als die Tatsache, daß es trotz seiner inneren Widernatur überhaupt bis dahin gehalten hatte.

Nach seinem endgültigen Siege war Friedrich der Große von England und Frankreich im Grunde gleichermaßen enttäuscht, während Österreich nach wie vor grollte. Schon deshalb mußte ein gutes Verhältnis zu Rußland, wie gründlich der Enthusiasmus vom Frühjahr 1762 inzwischen immer verflogen war, für Preußen weiter erwünscht sein. Aber auch Rußland zeigte sich interessiert. Als 1764 August III., König von Polen und Kurfürst von Sachsen, gestorben war, nahm über der Problematik des neu zu vergebenden polnischen Thrones die preußisch-russische Zusammenarbeit rasch feste Formen an. Beide Mächte waren aus unterschiedlichen Gründen in gleicher Weise interessiert, Einmischungen von dritter Seite, wie sie bei polnischen Thronwechseln längst die traurige Regel bildeten, diesmal um jeden Preis zu verhindern: Katharina, erpicht auf das Sammeln russischer Länder, wollte Polen, das noch immer so viel

altrussisches Siedlungsgebiet besaß, nicht sich selbst –
und damit im Grunde nur anderen Einflüssen – überlassen. Friedrich aber erkannte beklommen die traditionell
auf Einfluß in Polen bedachten Mächte und die eben noch
in der Koalition gegen Preußen vereinigten als restlos,
umkehrbar ausnahmslos, miteinander identisch. Österreich, Frankreich, Rußland, Sachsen und Schweden – sie
waren es hier wie dort. Davon hielten die beiden erstge-
nannten ihren im Mai 1756 zu Versailles gegen Preußen
geschlossenen Vertrag trotz des Friedens aufrecht. Und
über Österreich gehörte Sachsen, über Frankreich Schweden diesem System praktisch weiter an: Die Koalition
bestand heimlich fort! Nur Rußland, das sie schon während des Krieges durch sein Ausscheiden gesprengt hatte,
stand ihr nach wie vor fern. Wenn es denn also um Polen
schon dermaßen traurig stand, daß immer nur die Frage,
wer den beherrschenden Einfluß ausüben werde, noch der
Entscheidung bedurfte, dann war Rußland in dieser Rolle
von jenen fünf traditionellen Interessenten für Preußen
der einzig annehmbare. Die Gegenprobe war noch nicht
verschmerzt; man wußte noch, was auf dem Spiele stand.
So begann unter Friedrich dem Großen und jener Katharina, die immerhin ein Voltaire gleichfalls als die Große
bezeichnete, die legendäre Freundschaft, die nach dem
Wirbelsturm um die Polnischen Teilungen, die Französische Revolution und Napoleon dem 19. Jahrhundert und
negativ, durch ihr Erlöschen, auch noch dem unsrigen ihr
Zeichen aufprägen sollte.

Nach dem Tode des Halbgotts regierten in Potsdam
die Epigonen, von denen sich der erste durch mittel-
mäßige Mätressen über Gebühr strapazieren ließ, wäh-

rend der zweite allzusehr auf seine hugenottischen Kabinettsräte hörte, die inzwischen zwar längst zu fanatischen Brandenburgern und Preußen, nicht aber zu rechten Deutschen geworden waren, die vielmehr in bezug auf Frankreich und vollends auf ein revolutionäres, den Reformierten endlich die Rechtsgleichheit zuerkennendes Frankreich beim besten Willen nicht objektiv bleiben konnten. So kam für Preußen unmittelbar nach dem höchsten der tiefste Punkt. Wahrscheinlich kann das in solchem Fall gar nicht anders sein. Preußen mit seinem kunstvoll umständlichen Staatsmechanismus war, wie Mirabeau schon erkannt hatte, zu sehr auf das Format seines großen Königs hin angelegt, als daß es dessen Tod ohne Rückschlag hätte verwinden können. Und gerade jetzt zog sich über Frankreich das Gewitter der Revolution zusammen! Ruhmvoll und antiquiert schaute Preußen dem Gang der Ereignisse zu. Als sich die Großmächte gegen das rasende Frankreich zum gemeinsamen Kriege aufrafften, konnte Preußen sich schlecht versagen. Aber es zitterte vor seiner eigenen Initiative, schloß nach matten Taten mit matten Gründen den Sonderfrieden zu Basel und trieb nun erst recht eine Politik der, wie Gentz es nannte, absoluten Nichtpolitik. Inzwischen jagten, überschlugen sich ringsumher die Ereignisse. Aus dem wütenden Jakobinerstaat wurde endgültig eine brutal um sich greifende Militärmacht und aus dem General Bonaparte im Handumdrehen ein Erster Konsul, ein Kaiser Napoleon. Preußen sah zu, wie die Koalitionen scheiterten, die Staaten verschluckt wurden. Als es endlich begriff und mit mühsamer Würde den Krieg erklärte, bestimmte es damit lediglich noch Zeit und Ort seiner längst unvermeidlichen Katastrophe.

Verglichen mit dem Schicksal von Holland und Genua oder auch Spanien und Hannover kam Preußen im Frieden von Tilsit dann gleichwohl beinahe glimpflich davon. Es blieb als Staat bestehen, es behielt seine Kernlandschaft, seine Dynastie, einen Rest von wirklicher Handlungsfreiheit. Im napoleonischen Klima bedeutete das schon nicht wenig. Aber mehreres war zusammengekommen. Vor allem hatte Preußen auf die Katastrophe von Jena und Auerstedt in seiner typischen Art reagiert: daran erst erwachend, den strategisch verlorenen Krieg moralisch erst wirklich beginnend, den Waffenstillstand verschmähend. So war 1807 bei Preußisch-Eylau und um Danzig mit der Bravour gekämpft worden, an der es 1806 bei Jena und vor Berlin so schmerzlich gemangelt hatte. Das lag nun allerdings wesentlich auch an der doch noch wirksam gewordenen russischen Hilfe. Seit 1805, seit dem Gelöbnis ewiger Freundschaft am Grabe Friedrichs des Großen, waren Rußland und Preußen, Alexander I. und Friedrich Wilhelm III. verbündet. Für Jena und Auerstedt, zur vielleicht entscheidenden Unterstützung des preußischsächsischen Heeres, hatte Rußland nicht schnell genug sein können – jetzt war es doch noch zurechtgekommen. Die letzte Phase des unglückseligen Krieges kämpften Russen und Preußen Seite an Seite, in der Schlacht von Preußisch-Eylau, der ersten mit für Napoleon sieglosem Ausgang, war das russische Kontingent dem preußischen um das Zehnfache überlegen. Preußens innere Besserung, die Wurzel der Erhebung von 1813, hängt eng und merkwürdig komplex, politisch, strategisch, moralisch, mit dem Grade zusammen, in dem die Verbindung mit Rußland sich besserte, sich aus Reden zu Taten verdichtete. Dann kam freilich die Schlacht bei Friedland, die Napoleon wieder gründlich gewann, woraufhin Alexander einlenkte. Aber so wie die Dinge nun bereits lagen, war selbst diese Wendung für den Hohenzollernstaat mehr nützlich als schädlich. Denn man darf mindestens mutmaßen, daß Napoleon Preußen an sich gern in einer der ihm so geläufigen strengeren Formen seinem »Neuen Föderativsystem« einverleibt hätte. Was ihn im Juli 1807 auf der Tilsiter Friedenskonferenz vom rein Gesellschaftlichen her auch politisch zu einer gewissen – verhältnismäßigen – Konzilianz nötigte, war die Rücksicht auf seinen neuen Freund Alexander von Rußland, den alten Freund des gleichzeitig anwesenden Friedrich Wilhelm von Preußen: war die preußisch-russische Freundschaft.

Zar Alexander I. besaß bezüglich Europas im allgemeinen und Preußens im besonderen sehr prägnante Vorstellungen. Je mehr sich seine Beziehungen zu Napoleon nach den Flitterwochen von Tilsit und Erfurt bereits wieder trübten, um so weniger machte er noch aus seiner Meinung ein Hehl, daß Preußen in seinem ungeschmälerten alten Besitzstand wiederhergestellt werden sollte. Rechtliche, religiöse und dynastisch-standesnachbarliche Erwägungen wirkten bei dieser Auffassung ehrlich mit, und sie immer wurden als die moralisch bequemeren im Bedarfsfall hervorgekehrt. Dahinter jedoch stand Realpolitik. Entscheidend war vom 18. Jahrhundert, dem Zeitalter der Katharina und Friedrich, wie überhaupt von Rußlands neuzeitlicher Geschichtserfahrung her die Erkenntnis, daß Preußen für ein auf freie Hand in Osteuropa bedachtes Rußland der natürliche Partner, und zwar der einzige dieser Art unter den westlichen Großmächten, ist. Denn Frankreich etwa hatte als Interessent in Polen und mehr noch indirekt, als chronischer Verbündeter Schwedens, oft genug Rußlands Weg gekreuzt, um von dem Neuesten, der Revolution und Napoleon, ganz zu schweigen. Großbritannien wiederum war im Orient ebenso stark engagiert wie Rußland, jedoch mit umgekehrtem Vorzeichen. Österreich war an sich weniger schwierig. Gerade auf dem Balkan, wo man sich später zerstreiten sollte, konnte man in Alexanders Tagen noch fern aller bosnischen Fragen und panslawistischen Phantasien einmütig gegen die Türken stehen. Doch lag in der zeitgenössischen Sicht auch die Rivalität der beiden deutschen Großmächte und damit der Zwang, sich immer nur *einer* von beiden verbünden zu können, noch gleich einem Naturgesetz fest. Und da fiel denn doch ins Gewicht, daß Österreich von seinen geistig-sittlichen Grundbedingungen her zum katholisch-aristokratischen Polen deutlich eine Beziehung zeigte, die sich vom russischen Standpunkt her ganz und gar nicht geheuer ausnahm. Preußen dagegen besaß nicht bloß diese Affinität nicht: es besaß sogar eine gegenläufige, russischerseits erfreuliche. An allen anderen neuralgischen Punkten zwischen Ostsee und Persischem Golf jedoch, wo seit Jahrhunderten Frankreich in immer wieder neuer Gestalt und Großbritannien stets in derselben beschwerlich fiel, war Preußen durchweg *neutral*. Und dies bereits war das Erwünschte, dies bereits gab der Freundschaft vollauf einen Sinn. Denn zu allem übrigen sperrte Preußen ja auch noch, und zwar nicht erst als aktiver Bundesge-

nosse, sondern eben schon bei verläßlich-wohlwollen-
der Neutralität, einfach durch sein machtvolles Dasein,
Rußlands Achillesferse, Rußlands Westflanke mit den
allzu grenznah dahinter gelegenen Lebenszentren und
den gerade hier kaum vorhandenen Naturhindernissen.
Was der Ausfall Preußens für Rußland heraufbeschwört,
sollte Napoleon in allernächster Zeit neuartig-drastisch
verdeutlichen, grundsätzlich aber war der Zusammenhang seit dem Großen Nordischen Kriege akut. Und
auch Alexanders Folgerung also, die Notwendigkeit einer ungeschmälerten Wiederherstellung Preußens, war
zu zwingend, um gänzlich neu sein zu können. Ein altes,
»vor-napoleonisches« Ordnungsbild hatte sich hier angesichts einer neuen Lage, einer wüsteren Unordnung
denn je zuvor, verjüngt und verwandelt bereitgestellt.
Lediglich die Frage, ob und wann es realpolitisch in Kraft
treten könne, hing noch vom Glück der Waffen und damit vom Zufall ab.

Im Spätherbst 1812, als nach dem Brande von Moskau
nur noch hilflose Trümmer der Großen Armee den Nje-
men erreichten, war unerwartet rasch, fast betäubend
rasch die entscheidende Wendung da. Alexander zögerte
anfangs, ob er nun seinerseits offensiv werden solle. Der
Reichsfreiherr vom Stein, in seinen Aspekten als Rus-
se, Preuße und »Stand« förmlich die Inkarnation der
russisch-preußisch-deutschen Schicksalsverflochtenheit,
gab mit seinem diesbezüglichen Rat schließlich wohl den
Ausschlag. Friedrich Wilhelm III. im französisch besetz-
ten Berlin zögerte jedoch weiter, blieb also weiter juri-
stisch ein Bundesgenosse Napoleons. So kam es in einem
verlorenen Winkel vor Ostpreußens nördlicher Grenze

zu jener Situation, von der die politisierte Geschichtserinnerung unserer Tage ihren Blick anscheinend nicht lassen kann: Die Russen unter Diebitsch rückten näher, die Preußen unter Yorck standen unschlüssig. Theoretisch mußte man aufeinander schießen – es war ein unerträglicher Augenblick. Schließlich überwand sich Yorck aus innerstem Antrieb und doch schweren Herzens, bewegt vom Drängen der jüngeren Offiziere. Er nahm mit Diebitsch Verbindung auf. Am 30. Dezember trafen sich die Generale in der Mühle von Poscherun zur Unterzeichnung der vielerörterten Konvention, die übrigens, um das gleich hinzuzusetzen, weil auch historisch Bewanderte es so gern vergessen, nicht Waffenbrüderschaft, sondern *Neutralität*, primär seitens der an sich noch gegenteilig gebundenen Preußen, versicherte. Unweit vom Ort des Ereignisses liegt das Städtchen *Tauroggen*. Von ihm hat die Konvention ihren Namen und ebenso das Symbolische, Weckende, das sogleich von ihr ausging. Das Volk stand auf, der Sturm brach los. Auch Friedrich Wilhelm, weiter zögernd, konnte sich der spontan-allgemeinen Erhebung bald nicht mehr versagen. Der Winter war noch nicht zu Ende, da war Yorcks Wagnis von Tauroggen einem Senfkorn gleich aufgegangen. Aus dem problematischen Neutralitätsabkommen war nun in der Tat jenes amtliche preußisch-russische Waffenbündnis hervorgegangen, dessen Gewalt binnen kaum mehr als Jahresfrist, die Zaghaften mitreißend, einer Lawine gleich, Napoleons Macht endgültig begrub. Und auch dies alles noch war der feurig ergriffenen Volksseele fortan »Tauroggen«, wie die Frucht nach dem Baume heißt. Ein Mythos war geboren.

Es war ein Mythos mit kleinen Fehlern. Und das ist insofern nicht unbedenklich, als er heute noch oder wieder
lebendig wie nur je fortwirkt. Noch immer herrscht die
Auffassung, und zwar nicht nur bei den Befürwortern
einer deutsch-russischen Annäherung, sondern ebenso
bei ihren Gegnern, daß in diesem Zusammenhang der
Entscheidung von Tauroggen eine schlechthin unum-
gängliche normative Bedeutung zukomme. Nichts ist
abwegiger. Wenige politische Diskussionen unserer Zeit
werden durchgängig, von sämtlichen widerstreitenden
Standpunkten aus übereinstimmend, von so vollkommen haltlosen historischen Voraussetzungen her geführt
wie die um Sinn und Möglichkeit der deutsch-russischen
Freundschaft. Zweierlei wird immer wieder verkannt:
Erstens war »Tauroggen« *nicht der Anfang*. Das diesbezügliche Vorurteil täuscht sich in der Dimension; es
verwechselt die Freundschaft selbst mit dem ihre Wirksamkeit auslösenden, dem hier sogar lediglich die er-
neute Wirksamkeit auslösenden Ereignis. Als Yorck und
Diebitsch in der Poscheruner Mühle die Konvention
unterzeichneten, hatte die preußisch-russische Freundschaft das fünfzigjährige Jubiläum für ihren enthusiasti-
schen Aspekt bereits hinter sich und für den realpolitischen direkt vor sich. Und abgesehen von Episoden, auf
denen nicht das Gewicht lag, war der gewünschte Effekt
auch damals schon, wie nach dem Sturz Napoleons dann
wieder ein ganzes Jahrhundert hindurch, nicht Waffenbrüderschaft, sondern Neutralität, höchstens durch ein
Defensivbündnis unterbaut. Zweitens also ist »Tauroggen« für Geschichte und Möglichkeit der preußisch- oder
deutsch-russischen Freundschaft *auch nicht die Norm.*

Daß es sogar hier formaljuristisch, dem Wortlaut und explizierten Sinn nach, nur um Neutralität ging statt um jene Waffenbrüderschaft, für die »Tauroggen« seither geradezu ein Synonym ist, berührt in diesem Zusammenhang seltsam. Dabei sollen die Tatsachen nun aber nicht etwa antithetisch zum üblichen Mißverständnis verzerrt werden. Es bleibt unbestreitbar, daß die Konvention von Tauroggen mit dem unausdrücklichen tieferen Sinn, den sie neben dem explizierten so deutlich noch besaß, über die Neutralität hinaus in der Tat auf die Waffenbrüderschaft zielte, die sich denn auch in Kürze als das wahre Fazit ergab. Nur war die *ganze* Entwicklung, die damit anlief, als Reaktion auf den von Napoleon geschaffenen anomalen Zustand Europas damit selbst vom Normalfall dessen, was in Europa Politik heißt, extrem weit entfernt. Gerade also auch bei Berücksichtigung seines tieferen, geschichtlich entscheidenden Sinnes ist »Tauroggen« Grenzfall, nicht Regelfall. Als die napoleonische Weltgefahr endgültig überwunden war, machte die allgemeine Normalisierung, die Rückkehr zu den Regelwerten der Politik, auch vor der preußisch-russischen Freundschaft nicht halt. »Tauroggen«, die Waffenbrüderschaft gegen Napoleon, blieb wirksam als den politischen Alltag verklärendes, selbst der Verklärung ins Mythische unaufhaltsam zutreibendes Bild. Ebenhierin war man dem Zeitalter der Friedrich und Katharina gegenüber fortan merklich im Vorteil. Tatsächlich aber ging es jetzt wieder wie damals um Neutralität, um gegenseitige Rückendeckung. Bei den polnischen Aufständen, dem Krimkrieg, den deutschen Einigungskriegen und nicht zuletzt den verschiedenen am Krieg scharf vorbeigesteuerten

»Krisen« war immer wieder *dies*, nicht Waffenhilfe, der Freundschaftsbeweis, der wechselweise erwartet und geleistet wurde. Es war ein Segen für beide Völker, das ganze Jahrhundert hindurch.

Zwischenfälle blieben nicht aus. Gerade sie aber führten über den prompt offenbarten Zusammenhang zwischen Zwist und beiderseitigem Rückschlag zu neuer Eintracht. So hatte das unruhvolle Jahr 1848 mit einer Krise der Monarchien auch eine solche ihrer Beziehungen heraufbeschworen. Und da inzwischen in Petersburg statt des zuverlässigen Alexander der humorlose, finster eigenwillige Nikolaus herrschte, war plötzlich Unerwartetes möglich. Weil, wie Bismarck es kurzweg erklärte, der junge österreichische Kaiser dem russischen plötzlich besser gefiel als der König von Preußen, stand Rußland mit einem Male in den deutschen Fragen so unbedingt wie einst in den Zeiten der Zarin Elisabeth hinter Österreich. Wie in den dunkelsten Stunden des Siebenjährigen Krieges stand Preußen mit seinem entscheidenden Wollen isoliert gegen ganz Europa, aber nun ohne Friedrich den Großen! So gab es nach, so bequemte es sich zu der Olmützer Punktation, einer kampflosen Niederlage. Aber auch Rußlands Verhängnis war nun bereits nicht mehr fern. Wie am Jahrhundertbeginn aus letztlich demselben Versagen, dem Zögern einmal Preußens und dann wieder Rußlands im Kampf gegen den Usurpator, bei Austerlitz und bei Jena jedem der Uneinigen sein besonderes Unheil erstanden war, so ähnlich, nur jetzt gleichsam mit vertauschten Rollen, war es nunmehr wieder: Auf Olmütz folgte der Krimkrieg, auf Preußens diplomatischen Rückzug der blutig erzwungene Rußlands. Denn isoliert wie eben noch Preußen war nun plötzlich Rußland. Es erntete im gefährlichen Augenblick keineswegs jenen Dank, den es sich durch eine selbstlos legitimistische Politik, die Niederwerfung Ungarns, die Zurückweisung Preußens, speziell vom Hause Habsburg wie allgemein vom konservativen Europa erworben zu haben glaubte. Nur ausgerechnet Preußen, das eben noch brüskierte, blieb ungerührt von den Stimmungskurven des Westens, den nervösen Wiener Intrigen, den Sirenenklängen aus London einsichtig und korrekt.

Die Lektion war unmißverständlich, und zur Besinnung auf die verschüttete Möglichkeit war es beiderseits noch nicht zu spät. So kam es in den sechziger Jahren zu einer dritten, bewußtesten Scheitelung der preußisch-russischen Freundschaft. Statt des gestrengen Nikolaus regierte in Petersburg jetzt jener andere Alexander, der in Berlin allein schon auf Grund seines Namens wie eine Reinkarnation der Freundschaft von 1813 wirkte und der denn auch mindestens nicht daran dachte, Preußens kleindeutschen Zielen je wieder Habsburg zuliebe entgegenzutreten. Und gerade jetzt wurden diese Ziele von Preußen mit noch nie dagewesener Intensität verfolgt. Hier nämlich leitete nun bereits jener Junker die Politik, der notfalls auch vor dem Äußersten, Eisen und Blut, nicht zurückzuscheuen gesonnen war. Allzu lange hatte nur immer des Gegners Eisen gezählt – jetzt kam die Erwiderung. Schon Frankreichs jakobinischer Nationalismus war erst nach zwei Menschenaltern, in den Idealen der Paulskirche, deutscherseits beantwortet worden. Inzwischen waren zwei Menschenalter seit dem napoleonischen Wirbel vergangen, seit Frankreichs leichtem Triumph im zersplitterten deutschen Süden, Österreichs heldisch-unzulänglichem Widerstand, Preußens verspätetem Eingriff und Sturz. Und wieder kam erst jetzt, in Bismarcks herbem Scharfsinn, die deutsche Antwort, die kleindeutsch-machtpolitische Konsequenz: Wenn Österreich den nationalen Bestand nicht mehr wirklich zu schützen vermag, so muß es eben den ersten Platz räumen, damit Preußen das Nötige tun kann! Und wenn Österreich denn partout nicht auf gute Art Platz machen will, wenn selbst das bescheidenste nationale Streben, überall sonst längst erfüllt, in Deutschland als ein Verbrechen gilt, so muß es eben ungütlich gehen, und zwar *rechtzeitig*, nicht erst angesichts eines neu errichteten Rheinbundes! Ebenso entschlossen, nur mit konträrer Blickrichtung, hatte Napoleon einst gedacht. Er hatte, wie jetzt erst deutlich zu werden begann, Preußen ganz wider Willen, wider den preußischen und noch mehr den eigenen, mit seiner Entschlossenheit infiziert. Es war eine weltgeschichtliche Pointe von düsterer Komik, daß gleichzeitig in Paris ein Revenant umging: *Napoleon*, materialisiert aus dem Weihrauch der nationalen Legende und nun freilich ohne den heiligen Odem, wohl aber mit der alten Cäsarenmiene, der alten Lust am Anzetteln von Konflikten, am Spalten und Parteinehmen. So brauchte Bismarck, der wahre Erbe napoleonischen Wesens, sich nicht einmal zu dekuvrieren, er konnte die deutsche Miene der beleidigten Unschuld aufsetzen und dennoch handeln. Deutschlands ewige Misere, die provinzielle Zersplitterung seiner Möglichkeiten und zugleich ihre unlösliche Verfilztheit mit allgemein europäischen, war unter der kühn umgeschlagenen neuen

Voraussetzung eher vorteilhaft. Aus dem Bersten jahrhundertealter Konfliktfurchen rund um Deutschland ergaben und weiteten sich wie von selbst die Einigungskriege, wie in logischer Deduktion folgte auf Königgrätz Sedan und auf den Zusammenbruch des französischen Kaisertums die Errichtung des deutschen.

II.

Preußens Schicksal seit dem Mirakel, eine Kette heroischer Anläufe gegen den Jammer der neueren deutschen Geschichte, hatte nach einer Lösung geschrien: Nun war sie da. Sie war alles andere als ideal. Schon der Ausdruck »Deutsches Reich«, letztlich fast eine Contradictio in adiecto, wies verräterisch auf das Mißverhältnis zwischen dem tatsächlich zustande gekommenen Nationalstaat und Deutschlands älterem, einer übernationalen Ordnung verpflichtetem Wesen. Und selbst als Nationalstaat war dies problematische Reich noch grundsätzlich unvollkommen, als kleindeutsches Gebilde umgriff es eo ipso nur einen Teil der Nation. Aber man hüte sich vor den unser Staatsgefühl heute umdrängenden Gegenmythen: Es verhält sich nicht etwa so, daß Bismarcks Schöpfung wegen jener Mißlichkeiten des Ansatzes nun von vornherein zum Scheitern, zum Weg in die Katastrophen des 20. Jahrhunderts verurteilt gewesen sei! Ideale Lösungen sind schließlich in der Politik auch sonst nicht eben die Regel – die inneren Diskrepanzen, mit denen Bismarcks Schöpfung von ihrer Geburtsstunde an behaftet war, gingen über das Übliche kaum hinaus. Selbst der Titel »Reich« wurde keineswegs völlig zu Unrecht geführt. Immerhin enthielt der kleindeutsche Nationalstaat ja wirklich zwischen Rhein und Elbe den ostfränkischen Rumpf des alten Reiches, und auch von dessen ursprünglicher, föderalistischer Ordnung war hier, in dem Bundesstaat mit den Dynastien und Stadtrepubliken, immerhin mehr erhalten als beispielsweise in Österreich. Natürlich stand das neue Gebilde von seiner preußisch-einheitsstaatlichen Hauptsache her dem alten Reich im ganzen trotzdem nicht viel weniger fern als irgendein anderer moderner Staat. Aber mindestens wich die romantische Überschätzung des mittelalterlichen Traditionsrestes nicht grundsätzlich weiter von den Tatsachen ab als westlich des Rheines das andere Extrem, das jakobinische Phantasieprodukt einer rein nationalstaatlich separaten französischen Staatsvergangenheit. Und wie sich der französische Revolutionsstaat trotz jener Gründungslüge und allerdings unentwegt an ihr krankend immerhin bis heute behauptete, so hätte dies trotz des gegenteiligen Fehlansatzes im Prinzip auch dem Bismarckreich möglich sein müssen. Ähnliches gilt von der anderen Unstimmigkeit, der zwischen kleindeutscher Wirklichkeit und komplex nationalstaatlichem Bewußtsein. Auch sie war nichts dermaßen Beispielloses, daß ein Ausgang von beispielloser Tragik deshalb als unentrinnbar gedacht werden müßte. Schließlich war der ideale Nationalstaat, die uneingeschränkte Deckung von nationalem Gehalt und politischer Form, selbst im glücklicheren Westen nirgends vollkommen gelungen; man denke an den Überhang des französischen Volkstums in Belgien, der Schweiz und Kanada, des spanischen in Südamerika und des englischen in der ganzen Welt. Der kleindeutsche Nationalstaat, der Spätling im westeuropäischen Kreise, war nun allerdings ungleich weiter als der französische und anderseits, schon wegen des Teilhabens mehrerer Großmächte an dem völkischen Überhang, auf eine ungleich weniger gut kompensierbare Art als der englische vom Ideal jener Deckung entfernt. Er war ein Notdach für rauhes Wetter, nicht mehr und nicht weniger.

Man muß heute kein Romantiker und auch kein Konservativer mehr sein, man kann ein Sozialist sein wie Martin Buber oder Hendrik de Man, um am Heiligen Römischen Reich deutscher Nation wie überhaupt an der Ordnung des europäischen Mittelalters einiges gut, den neuzeitlichen Verhältnissen eindeutig überlegen zu finden. Man denke nur an die Fülle mittelalterlicher Gesellschaftsstrukturen; man denke an den erstaunlichen Umstand, daß die Gesellschaft hier gerade durch diese Fülle, durch ihre gegensätzlichen Einzelprofile und deren immer wieder gelingende Ausbalancierung sich *selbst* ordnete, womit aus ein und demselben Grunde der neuzeitliche Krebsschaden, der gesellschaftliche Strukturzerfall im kompensatorisch wuchernden Staat, unmöglich *und unnötig* war! Nur eben: das alles war. Längst schon zerfiel jene große Ordnung, längst trieb ein Raum nach dem anderen, eine Qualität nach der anderen aus dem Ganzen heraus in ein Sonderdasein. Im Dreißigjährigen Krieg fungierte des Reiches verwitterter deutscher Rumpf erstmals bloß noch als Beute und Feld, darüber die ringsum erwachsenen Nationalstaaten wie Raubtiere einander ansprangen. Das war gewiß keine schöne Verwandlung; aber da sie sich einmal ereignet hatte, war nichts so legitim wie der deutsche Wunsch, die versäumte Staatwerdung nachzuholen, sei es mit der Tradition, wie Österreich es zunächst vorhatte, oder gegen sie, wie Preußen es dann erreichte.

Seit Wallenstein die Belagerung von Stralsund ergebnislos hatte abbrechen müssen, war die Hoheit des Reiches in Norddeutschland kaum anders als in Italien eine bloße Erinnerung und Fiktion. Was hier noch für Deutschland geschehen konnte, konnte es nicht mehr vom Reiche her. Brandenburg, ein gottverlassener Vorposten in dem Niemandsland zwischen Polen und Schweden, ständig im Ferndruck der französischen Hegemonialpolitik und nie von Wien wirkungsvoll sekundiert, war unter allen diesen zunächst fast aussichtslosen Bedingungen jedenfalls in der glücklichen Lage, seinen separaten Staatsegoismus mit dem gemeindeutschen Interesse des verlorenen Winkels apriorisch gleichsetzen zu dürfen. So begann jene Abkehr vom Reich, die hier *nicht* von der deutschen Aufgabe weg, vielmehr neu zu ihr hin führen sollte: So wurde aus Brandenburg »Preußen«. Daß der neue Staat seinen Sonderwillen zunächst rücksichtslos bis zur Rebellion wie kein anderes deutsches Land gegen das Reichs-, das alte Gesamtinteresse hervorkehrte, um nach hinreichender eigener Kräftigung wie in einem Salto mortale sich selbst zum Vorkämpfer der bis dahin so hart befehdeten Reichseinheit aufzuwerfen, und beides mit demselben entsetzlich guten Gewissen, das schien der Welt ein Rätsel, schien als Ausdruck lauteren Wesens beim besten Willen nicht deutbar. Tatsächlich aber war Preußen bereits von seiner Entelechie, seiner brandenburgischen Grunderfahrung und Keimzelle her autonom, an der Tradition vorbei, auf den deutschen Nationalstaat hin angelegt. Es hatte dessen Idee mithin nie erst eigentlich aufnehmen müssen. Es hatte dieselbe vielmehr auch in seiner Urform als Territorialstaat bereits wie in einer Puppe enthalten. Es mußte sie nur noch entwickeln. Und mindestens seit 1813 war es auch unter schwachen Regierungen und widerwärtigen Zeitbedingungen unaufhörlich damit beschäftigt gewesen. Daß der deutsche Nationalstaat, das zweite Deutsche Reich, dann wirklich von Preußen, von Bismarck, geschaffen wurde, entsprach mithin einer tiefen, in ihren Wurzeln jahrhundertealten Entwicklungslogik.

Gewiß, der kleindeutsche Charakter des neuen Staates war mindestens ein Schönheitsfehler wie in der anderen Richtung das mißverständliche Reichsemblem. Aber Bismarck hatte nicht zaubern können. Er hatte mit Recht das Nebeneinander von zwei deutschen Großmächten als überhaupt keine Lösung und die einseitig österreichische als widerlegt angesehen. Die einseitig preußische Lösung, die damit nur übrigblieb, hätte sich aber ins Großdeutsche lediglich weiten lassen über die Zerschlagung des Habsburgerreiches und die Einziehung seiner deutschen Bevölkerungsteile. Selbst nach dem Siege von Königgrätz lag Bismarck nichts so fern wie die Monstrosität eines solchen Vorgehens. Überdies wäre es nicht ganz einfach gewesen. Denn Österreich mit seiner unversehrt herbeigeeilten Südarmee war gewillt und fähig, sich vor Wien noch einmal zu schlagen, und die Stimmung im Westen war seit dem Donner und Schock von Sadowa unberechenbar in Bewegung. Der deutsche Nationalstaat sah sich nun einmal wegen der späten Stunde und der deutschen Reichsvergangenheit umringt von Prägungen älteren Stils, von historisch gereiften Legierungen fremden und eigenen Wesens: Er war *notwendig* »kleindeutsch«! Und Bismarck wußte das. Sein tiefes und realistisches Lageverständnis triumphiert an diesem Punkte gleichermaßen über den liberalen Nationalismus der Paulskirche wie den Zoologismus Hitlers. Bismarcks Staat sollte ernstlich ein *deut-*

scher, nicht bloß ein größerer preußischer sein. Durch den überlegten Verzicht auf die großdeutsche Lösung kam das äußerlich, geopolitisch in ähnlicher Weise zum Ausdruck wie gleichzeitig im Innenbau durch die bundesstaatliche Ordnung, die Rücksicht auf den westdeutschen Rest der einstigen Libertät. Der sonst so klare Zweckbau entsprach mit solcher Asymmetrie dem altehrwürdig-verwinkelten Fundament, auf dem er nun einmal stand. Er stand deshalb nur um so fester.

Nein, man kann den Katastrophentrend einer Großmacht nicht auf Schönheitsfehler der Staatsform oder gar ein historisches Selbstmißverständnis zurückführen. Bei einem so prinzipiellen Scheitern, wie es der Schöpfung Bismarcks im Ersten Weltkrieg und dem, was dann noch übrig war, seitdem eigentlich permanent widerfuhr, darf man auch als Grund etwas Prinzipielles vermuten. Und wirklich war dem neudeutschen Reich noch unter Bismarcks Kanzlerschaft das geschehen, was wohl von allen Übeln das ärgste ist: das Versiegen der Anfangsbedingung. Der rasche Volksmund und der metaphysische Tiefsinn betonen es gleichermaßen: Aus nichts wird nichts! Ex nihilo nihil fit! Alles hat, wie die Logik es umgekehrt ausdrückt, *seinen zureichenden Grund.* Der Ofen wärmt, weil das Holz in ihm brennt. Entfällt der Grund, so entfällt auch die Folge: Nach dem Erlöschen des Feuers erkaltet bald auch der Ofen. Geschichtliche Gebilde haben, je reicher ihr Gehalt und je komplizierter, mannigfaltiger dann meist ihr Aufbau ist, natürlich entsprechend zahlreiche Gründe. Und der Ausfall *eines* derartigen Grundes muß dann also nicht gleich das Ende des Ganzen bewirken. Beispielsweise wurde, als der

Schraubendampfer den Raddampfer ablöste, als also zur Herstellung des letzteren der Grund entfiel, damit nicht etwa überhaupt der Dampfer verdrängt. Wo freilich ein Grund zentral ist, wo eine Einrichtung oder Entwicklung ganz in ihm ihre Wurzel hat, da wird sein Ausfall auch innerhalb der geschichtlichen Dimension von entsprechend zentraler, katastrophenhaft breiter Wirkung sein. So gilt jede einseitig spezialisierte Volkswirtschaft bekanntlich in besonderer Weise als »krisenempfindlich«: Die Marktfähigkeit des Spezialerzeugnisses ist hier der Grund, mit dem ungefähr *alles*, die Wirtschaft schlechthin, steht und fällt. Überall in der Politik, wo ein Grund als zentral erkannt ist, gilt denn auch zur Sicherung seines Fortdauerns ungefähr jeder Schritt als erlaubt. Man denke an die ewigen Anschläge des französischen Einheitsstaates gegen Deutschlands politische Einigung, an die zahllosen Kriege der hegemonialen britischen Seemacht gegen jedwede Hegemonie auf dem Festland. Solche Zähigkeit wird von Außenstehenden oder gar Leidtragenden oft verübelt. Doch ist sie verständlich genug. Denn wird ein zentraler Grund nicht deutlich als ein solcher erkannt, oder handelt die Politik nicht entschieden nach dieser Erkenntnis, so droht das Schlimmste. *Man denke an Deutschland.* Seine staatliche Einigung verhielt sich zu der russischen Rückendeckung ja nicht anders als zuvor jahrhundertelang Frankreichs Glanz zu der deutschen Zwietracht und Großbritanniens weltweite Seeherrschaft zu der kontinentalen Kleinstaaterei. Nur hielt in Deutschlands Fall die Bedingung *nicht* jahrhunderteoder auch bloß jahrzehntelang, ja die Ausweitung der Gelegenheit zum Prinzip wurde hier nicht einmal versucht. Frankreich und Großbritannien hatten beide zu ihrer Zeit alles getan, um die Umstände ihrer entscheidenden Aufstiegsbewegungen chronisch werden zu lassen. Das heißt, man hatte hier wie dort den Werdegrund zum Seinsgrund, zum Grund für die *Erhaltung* des Gewordenen systematisch weiterentwickelt! Im Bismarckreich geschah dies nicht. Man erhob in Berlin jene gute Beziehung zu Petersburg, der man den Aufstieg verdankte, anschließend nicht zum Erhaltungsprinzip. Man war hier um die Selbsterhaltung zunächst überhaupt nicht so sehr besorgt wie um das, was die andern sagten, um das Abklingen der wegen des martialischen Anfangs ringsum noch nachzitternden Unruhe. Und man wußte offenbar nicht, wie sehr das Wesen von seiner Äußerung abhängt und wie rasch mit dieser auch jenes verkümmert. So wähnte man sich am Ziel, »saturiert«, und man war am Ende. Man gab sich zahm – und man *wurde* zahm. Man stellte sich an, als ob man politisch sozusagen von Tuten und Blasen nichts ahnte, und plötzlich war dem in der Tat so. Am Rüstzeug der großen Vergangenheit empfand man nur noch die Last, nicht den Sinn: Man warf es wie Ballast beiseite, zuerst den Draht nach Petersburg, die alte Freundschaft mit Rußland ...

Die Fehlentwicklung begann keineswegs erst nach Bismarcks Sturz. Als Caprivi auf Holsteins Betreiben den Rückversicherungsvertrag nicht verlängerte, wurde nur zum ersten Mal und aus ungeschicktestem Anlaß am deutsch-russischen Verhältnis der neue Riß *sichtbar*. Entstanden aber war er ein halbes Menschenalter zuvor ausgerechnet in den glanzvollsten Stunden des neuen Reiches, auf dem Berliner Kongreß. Hier hatte

Bismarck bekanntlich keine deutschen Interessen verfolgt, sondern im Streit der übrigen Großmächte nur als ehrlicher Makler wirken und also in der einzigen deutscherseits relevanten Hinsicht die Friedlichkeit, Saturiertheit, Uneigennützigkeit des neuen Reiches erweisen wollen. Das alles war ihm auch vollauf gelungen, nur wurde, was Deutschland anging, der moralische Effekt sehr bald durch einen ebenso unerwarteten wie fatalen Nebeneffekt beeinträchtigt. Rußland war plötzlich verstimmt. Es fühlte sich nachträglich um seinen Türkenkrieg, seinen im Vorfrieden von San Stefano bereits anerkannten Gewinn geprellt: geprellt durch den Berliner Kongreß und damit durch Bismarck, durch Deutschland! Vor Tische las man es anders. Gewiß war Rußland auch vorher schon über den Kongreß, den Wechsel von der zweiseitigen zur allgemeinen Friedensverhandlung, genausowenig begeistert gewesen wie je eine siegreiche Macht im entsprechenden Fall. Doch hatte die unmißverständliche Kriegsdrohung Großbritanniens und die sich daraufhin bereits merklich versteifende türkische Haltung den Traum des Vorfriedens, den russischen Ausgriff bis an das Weichbild von Konstantinopel, praktisch ohnehin schon zerstört. Geblieben war die Gefahr einer neuen Intervention europäischer Mächte, jedenfalls Großbritanniens, zugunsten der Türkei und damit eine Ausweitung des Konfliktes ähnlich dem Krimkrieg unseligen Angedenkens ... Nur der Berliner Kongreß hatte Rußland in Stand gesetzt, diese düsterste Weiterung zu verhindern und dennoch das Gesicht zu wahren. Aber selbstverständlich war das nur möglich gewesen auf Kosten des Vorfriedens, durch gütlichen Verzicht auf den

Anlaß der Interventionsdrohung und also, denn darauf lief es hinaus, *den Sieg*. Der Zwiespalt zwischen Gefühl und Vernunft war nicht aufhebbar, ein Trauma unvermeidlich. Das hatte schon auf dem Kongreß selbst bei den russischen Unterhändlern zu einer merkwürdigen Gereiztheit geführt: Wie der Kranke schließlich dem Arzt übelnimmt, was die Krankheit verschuldet hat, so war hier die Animosität von den Verhandlungsgegnern auf die Verhandlung selbst übertragen und damit nicht zuletzt auf Bismarck, der ja wirklich als ehrlicher Makler nicht bedingungslos Rußland beistehen konnte. Der alte Gortschakow fand es sinnvoll, seine letzte Paraderolle dem Debüt dieser neuen Stimmung zu widmen. So war es schon fast ein Unglück, daß Bismarck die strittigen Fragen so rasch und reibungslos beilegte. Denn damit schwand auch die Kriegsgefahr allzu rasch, ohne tieferen Eindruck. In demselben Maße erstarkten nun wieder die russischen Wunschträume. Und das war nun schon fast gleichbedeutend mit dem Erstarken der neuen deutschfeindlichen Stimmung.

Diese Stimmung war nie eine Sache des russischen Volkes und auf Jahrzehnte, bis in das Verhängnis hinein, auch nicht eine solche des Hofes. Sie war ein Produkt der Zeitungen und Salons, der bürgerlichen Nationalisten und französisch parlierenden Slawophilen. Auch dies aber war schon nicht wenig in einem Lande, wo unter der hauchdünnen Oberschicht das Volk noch kaum zählte. Und rasch gewann der Zug zum Unheil durch Ereignisse, die wie gerufen von verschiedenen Seiten zufielen, sich wie auf Kommando verketteten, ein ernsteres Gewicht. Es war tragischerweise Bismarck, der die ihm so

unerfreuliche neue Entwicklung unabsichtlich abermals
förderte. Auf die heftigen russischen Reaktionen hin
besiegte er endlich den Widerstand seines Monarchen
gegen ein einseitiges Zusammengehen mit Österreich.
So hatten schon im Jahre nach dem Kongreß, im Herbst
1879, Berlin und Wien jenen Zweibund geschlossen, der
eindeutig nur defensiven Charakter trug, um sich indessen mit dieser seiner Substanz eben doch eindeutig nur
gegen Rußland zu kehren. Bismarck hatte es so nicht
gemeint; aber das alte, ununterschiedene Dreierver-
hältnis zwischen Wien, Petersburg und Berlin war jetzt
also endgültig tot. Statt dessen waren Deutschland und
Österreich nunmehr auch Rußland gegenüber auf besondere Weise zusammengerückt, *die »Mittelmächte« waren
geboren.* Ob es für Bismarck im Rahmen seiner Zeit einen Weg gegeben hätte, Rußlands deutschfeindliche
Strömung zu überwinden statt durch jenen Gegenzug
noch zu reizen, ist heute eine müßige Frage. Ein zusätzli-
ches Unglück lag auf jeden Fall darin, daß der Zweibund
für Österreich als den schwächeren und zugleich bedroh-
teren Partner von vornherein wichtiger als für Deutschland war, daß er in der Praxis auf eine – für den Fall des
russischen Angriffs – deutsche Pauschalgarantie der
österreichischen Positionen in Südosteuropa hinauslief.
Darin lag für Rußland ein unheilvoller Anreiz zur Homo-
genisierung des Deutschlandbildes, zur Verwischung
der bis dahin so bedeutsamen Unterscheidung zwischen
Österreich und Preußen, romtreuem deutschen Süden
und protestantischem Norden. Schien Rußlands Weg
nach Konstantinopel ohnehin bereits über Wien zu gehen, so der nach Wien nun noch zusätzlich über Berlin.

Bismarck sah die Gefahr und tat dagegen sein möglichstes. Und natürlich war man auch sonst in Berlin wie in Petersburg und in einer anderen Form auch in Wien für die Bedenklichkeit dieser jüngsten Entwicklung nicht blind, es fehlte allseits nicht an Demonstrationen des guten Willens. Da waren die verschiedenen Kaisertreffen, die Bereinigungsversuche auf der alten dynastischen Basis bis hin zu dem verzweifelten Telegrammwechsel des letzten Nikolaus und des letzten Wilhelm in den hektischen Hochsommerwochen nach den Schüssen von Sarajewo. Da waren die verbindenden Militärtraditionen, die unabhängig von der Gesamtentwicklung, fast schon wie später die Spezialkontakte zwischen Reichswehr und Roter Armee, zunächst noch lebendig fortdauerten. Da war als einziges offiziell politisches Unternehmen der Rückversicherungsvertrag, Bismarcks Gegenzug gegen sich selbst, gegen seine wahre, im Zweibund konkretisierte Entscheidung. Der neue Vertrag sollte jenen älteren, mit Österreich geschlossenen an dem für Deutschland kritischen Punkt kompensieren. Er sollte das russische Ausscheren aus der alten Allianz in Grenzen halten, es nicht in die Gegenallianz mit Frankreich abkippen lassen. Rußlands hauptsächliche Leistung, seine Neutralität für den Fall eines französischen Angriffs auf Deutschland, wurde in dem Vertrage entgolten durch Deutschlands Neutralität für den Fall eines österreichischen Angriffs auf Rußland und durch die Anerkennung der russischen Interessen an Bulgarien und den Meerengen. Mehr konnte Bismarck, ohne den Zweibund direkt zu verletzen, nach Rußland hin schwerlich tun. Und durch das Getane war ein voller Ausgleich für Rußland, eine volle Wiederherstellung der alten, ununterschieden gleich guten Dreierbeziehung *nicht* erreicht! Denn Österreich durfte auf Grund des Zweibundes für den Fall eines russischen Angriffs mit deutscher *Hilfe*, dagegen Rußland auf Grund des neuen Vertrages im umgekehrten Fall nur mit deutscher *Neutralität* rechnen. Das war von vornherein ein ungleicher Handel. Hinzu kam aber noch die Verschiebung der Machtverhältnisse. Zur Zeit des Rückversicherungsvertrages war Österreichs Macht bereits sichtlich im Abnehmen; dem deutschen Bevölkerungsteil fiel es immer schwerer, die anschwellenden Sonderbestrebungen in der slawischen Welt und auch in Ungarn zu kompensieren. Damit mußte für Rußland die Gefahr eines österreichischen Angriffs und also auch die deutscherseits dagegen durch den Rückversicherungsvertrag garantierte Neutralität immer mehr an Gewicht verlieren. Immer schwerer wiegen, und natürlich rein negativ, mußte demgegenüber einerseits Deutschlands Zweibund mit Österreich als der entscheidende Rückhalt der österreichischen Machtposition auf dem Balkan und anderseits die Gegenleistung im Rückversicherungsvertrag: der eigene Verzicht auf den bei dieser Zuspitzung der Verhältnisse allmählich fast natürlich anmutenden Gegen-Zweibund mit Frankreich. Der von Haus aus ungleiche Handel wurde in dieser entscheidenden Hinsicht laufend noch ungleicher, laufend noch weniger günstig für Rußland. Oder vielmehr: er *wäre* es geworden, wenn er lange genug bestanden hätte; er wäre irgendwann von den *Russen* gekündigt worden, aus zwingenden Gründen und rasch, kaum erst nach einem Jahrzehnt, wenn nicht Caprivi noch rascher gewesen wäre, ihnen nobelundiplomatisch, aus deutscherseits keineswegs zwingenden Gründen, diese Peinlichkeit zu ersparen ...

Ein Unglück kommt selten allein. Daß mit dem Vertrage im ganzen auch jene Geheimklausel fiel, die Rußlands Interesse an Bulgarien und den Meerengen deutscherseits anerkannte, war im Grunde, Rußlands besonderem diesbezüglichen Engagement entsprechend, bereits ein besonderes, weiteres Unglück. Bald darauf begann Deutschland mit orientalischen Projekten wie vornehmlich dem der Bagdadbahn, es schien sich für eine Nahostpolitik großen Stils starkmachen zu wollen. Die Kündigung der Geheimklausel paßte gut dazu, schien den Verdacht einer Vorbereitung von langer Hand zu bestätigen: Das war wieder ein weiteres Unglück. Auch der Zusammenhang zwischen Deutschlands »Bagdad«- und Österreichs Balkan-Bestrebungen schien von solchen Indizien her viel enger, viel arglistig-planvoller, als er wirklich war. So kam eins zum anderen. Auf der abschüssig gewordenen Bahn konnte nachgerade fast alles Neue das Abgleiten nur noch beschleunigen. Am Ende stand der Erste Weltkrieg, stand ein exemplarisch gleichartiger, gleich radikaler Niederbruch Deutschlands und Rußlands!

Im Grunde ist diese erste, entscheidende Katastrophe von Deutschland wie auch von Rußland bis heute nicht überwunden. Auf die Traditionsbrüche von 1917/18 folgten in beiden Ländern improvisierte, exzentrische Entwicklungen, die den Wiederaufstieg im voraus auf jenen Stil des gefährlich-unausgewogenen Experimentes abdrängten, den er dann unter Stalin wie unter Hitler auch tatsächlich annahm. Der Zweite Weltkrieg war

nicht allein, aber wesentlich ein Produkt dieser dishar-
monischen Fehlentwicklungen. Wer schlechter in ihm
abschnitt, Deutschland oder Rußland, ist nicht ganz einfach zu sagen. Deutschland unterlag. Und wenn es über
den zweiten Zusammenbruch auch sowenig wie über
den ersten zu einer eigenständigen Neuordnung fand, so
ist es doch aus dem Bann seines Experimentes – einstweilen – entlassen: Es hat eine Atempause gewonnen,
wenigstens für die Bundesrepublik, die nicht gelähmte
Westhälfte, die freilich vor der ihr damit zugefallenen
Treuhänderpflicht und Chance bislang erschütternd
versagt hat. Rußland anderseits unterlag *nicht* und kam
mithin auch vom Bann seines Experimentes nicht frei.
Es wurde durch seinen problematischen Sieg vielmehr
nur noch tiefer verstrickt und ist heute mit allen Anzeichen einer politischen Zwangsneurose, unansprechbar
und manisch erregt, für die Welt und sich selbst gleich
gefährlich. Ob es schlechter als Deutschland abschnitt,
braucht nicht erörtert zu werden: *Gut* wenigstens schnitt
es gleichfalls nicht ab! Es überwand den Niederbruch
von 1917 bislang im Grunde noch ebensowenig wie
Deutschland den von 1918. Und wieder fällt der Zusammenhang auf: Nicht überwunden wurde bislang auch
jene Verschlechterung der deutsch-russischen Beziehungen, mit der das beiderseitige Unglück begann. Die Frage,
warum das alles sich so verhielt, warum es sich so *verhält*,
ist sichtlich nicht nur historisch bedeutsam ...

III.

Das deutsch-russische Grundverhältnis zählt von Natur so ausgesprochen wie wenige sonst zu den positiven, und dies nicht zuletzt eben deshalb, weil es bis in die jüngste Zeit im räumlich unmittelbaren Sinne *kein nachbarliches* war! Mit politischer Nachbarschaft nämlich hat es, wie letztlich wohl mit Nachbarschaft überhaupt, eine zwiespältige Bewandtnis. Nachbarschaft ist Nahesein, ist Nebeneinandersein. Nahe können sich Dinge im Raume sein, aber auch Interessen. Und beides läuft in der Regel keineswegs parallel. Wo sich die Dinge hart im Raume stoßen, wo also Nachbarschaft in des Wortes unmittelbarer Bedeutung besteht, da muß natürlich nicht unbedingt Feindschaft herrschen. Aber die Tendenz weist von Druck und Gegendruck der gemeinsamen Grenze her doch mehr in diese negative Richtung als in die positive. Wir sind nun einmal keine Engel: Wir sind Menschen. Und das heißt nach Paulus zugleich: Wir sind allzumal Sünder. Unser selbstischer Wille ist mit der Endlichkeit nicht einverstanden. Auch in dem räumlichen Ende, dem Aufhören an der Grenze, ahnt er das zeitliche, das Ende schlechthin. Auch in jenem möchte er letztlich dieses, möchte er letztlich den Tod aus der Welt schaffen oder doch, wie man es bezeichnenderweise bei Lebensspannen und Grenzen gleichermaßen ausdrückt, »hinausschieben«. Und der Nachbar möchte dasselbe.

Zwischen den Siedlungsgebieten des deutschen und russischen Volkes wie auch zwischen den beiden Staaten oder Staatenbünden fehlte bis in die jüngste Zeit mit der frontal gemeinsamen Grenze die wesentliche

Bedingung der Zwietracht. Der Streit um Livland blieb Episode. Er wurde für die Profilierung des beiderseitigen Nationalgefühls nicht in der Weise bestimmend wie der russisch-polnische Streit um die Ukraine oder der polnisch-deutsche um Westpreußen. Das litauisch-polnische Großreich der Jagiellonen, also in der geschichtlichen Hauptsache *Polen*, hatte in entscheidender Stunde, an der Schwelle zur Neuzeit, zwischen Deutschland und Rußland sich aufgerichtet. Es hatte in voller Breite, von der Ostsee bis an das Schwarze Meer oder die Türkei, zwischen Deutschland und Rußland die Nachbarschaft hart im Raume verhindert. Es hatte umgekehrt diese Nachbarschaft und ihr böses Ergebnis, die chronische Konfliktlage, von beiden Seiten her auf sich gezogen. Mehr noch, es hatte zwischen Brandenburg und Moskowien und damit dem um diese Kerne sich reorganisierenden Deutschland und Rußland der Neuzeit *Nachbarsnachbarschaft*, eine Potenzierung des Grundverhältnisses, hergestellt. Und gerade das Baltikum, das alte deutsch-russische Schlachtfeld, war dann als deutsch regierter Landesstaat innerhalb des Russischen Reiches bis gegen das Ende des vorigen Jahrhunderts ein Muster guter Völkerbeziehung, wie es im verhärteten Machtgetriebe der Neuzeit zumal bei sich überschneidenden Großformen nicht noch ein zweites Mal vorkam.

Fehlt zwischen Völkern und Staaten die Nachbarschaft hart im Raume, so muß das Verhältnis deshalb noch nicht gut sein. Fehlende Feindschaft ist ja noch nicht Freundschaft. Wäre für das deutsch-russische Grundverhältnis nichts als das Fehlen einer gemeinsamen Grenze bedingend gewesen, so hätte nichts als Gleichgültigkeit, matte Indifferenz, das Ergebnis sein können. Tatsächlich war das Verhältnis jedoch bis in die jüngste Zeit *gut*. Deutschland und Rußland gingen sich positiv etwas an. Ihr Verhältnis war, genau ausgedrückt, nicht etwa ausschließlich ein nicht nachbarliches. Vielmehr fehlte allein die Nachbarschaft hart im Raume, während die der Interessen sehr wohl und darum nur um so kräftiger ausgeprägt war. Deutschland erzeugte vom Tuch bis zur Uhr und vom Papier bis zur Landkarte ziemlich alles, was Rußland brauchte. Es selbst aber brauchte mit seiner Hanse und seinem Frühkapitalismus den russischen Markt. In nichts Geringerem also als in dem Wesenskontrast beider Völker und damit überhaupt ihrem *Wesen* wurzelte mit dem Kulturgefälle die Nachbarschaft der Interessen. Sie war mithin förmlich eine Naturtatsache, eine Konstante unabhängig vom Wechsel und Zufall der Zeitereignisse.

Im Grunde galt dasselbe allerdings für das deutsche Verhältnis zu ganz Osteuropa. Es galt zeitweilig für Ungarn bis nach Siebenbürgen hinauf, für Böhmen und Mähren, für Polen und die baltischen Landschaften sogar noch wesentlich gründlicher. Aber hier überall trat das Deutschtum eben nicht allein als Kulturfaktor in Erscheinung, sondern zugleich in direkterer Form: als nationaler Träger des Römischen Reiches und einer mit dessen Machtanspruch vielfach gekoppelten Siedlungsbewegung. Und obwohl die eingeborenen Herrscher, die Piasten, Przemysliden und Arpaden, jahrhundertelang auch dies direktere deutsche Vordringen begrüßt und sogar provoziert hatten, litten die endgültigen Völkerbeziehungen hier doch fast durchweg nachhaltigen Schaden.

Das große tragische Beispiel ist Polen. Hier hatte sich der deutsche Einfluß zunächst ungleich gründlicher als im ferner gelegenen Rußland durchsetzen können. Das Reich von Kiew und ebenso später Nowgorod und Moskowien blieben stets byzantinisch und orthodox, blieben staatlich und kirchlich selbständig. Dagegen schloß sich Polen der römisch-deutschen Gesamtordnung des europäischen Mittelalters in der kirchlichen Hinsicht dauernd und auch in der staatlichen nicht ganz kurzfristig an, wobei selbst der römisch-kirchliche Einfluß zunächst großenteils über Deutschland lief.

Jedermann weiß, wie es weiterging. Dem so äußerst engen deutsch-polnischen Kontakt entsprach auf lange Sicht nicht etwa ein besonders gutes Verhältnis. Im Gegenteil, die Gesamttendenz der Entwicklung war schließlich erschreckend negativ. Das litauisch-polnische Großreich hatte bei seinem Aufbau im 15. Jahrhundert an der Ostseeküste zu einer umfangreichen Überschneidung deutschen und polnischen Siedlungs- und Hoheitsgebietes geführt, die sich im Gegensatz zur später nördlich davon zustande gekommenen deutsch-russischen extrem ungünstig auswirken sollte. Gewiß trugen die Kämpfe zwischen dem Ordensstaat und der jagiellonischen Großmacht nicht in der Art nationalen Charakter, wie die Geschichtslegende des 19. Jahrhunderts es vom deutschen und polnischen Standpunkt gleichermaßen zu sehen versuchte. Es gab damals in Osteuropa noch kein Nationalitätenproblem. Der polnisch-litauische Herrscher wurde bei seinen Kämpfen gegen den Orden von *deutscher* Seite, von den deutschen Städten der Weichselniederung, die dem Regiment der verwilderten geistlichen Ritter um jeden Preis zu entrinnen strebten, mit Nachdruck unterstützt. Auch für Ostpreußen, den Rumpf des gescheiterten Ordensstaates, beschränkte sich die Abhängigkeit von der neuen Großmacht auf ein lockeres Lehnsverhältnis ohne nationale Behelligung. Das alles darf nicht verschwiegen werden. Und doch läuft es auf nichts Besseres als eine neue Legendenbildung hinaus, wenn heutzutage der deutsch-polnische Nationalgegensatz nun einfach umgekehrt für ein Kind des 19. Jahrhunderts erklärt wird. Tatsächlich geht die Spannung immerhin bis auf das Reformationszeitalter zurück. Als im nördlichen Deutschland einschließlich des ehemaligen Ordenslandes das Luthertum, in Polen dagegen der jesuitische Reformkatholizismus die Oberhand gewonnen hatte, symbolisierten die Unterschiede von Sprache und Sitte plötzlich ein unterschiedliches und nun auch schon schroff gegensätzliches *Sein*! Ein eigentliches Nationalitätenproblem gab es gleichwohl weiterhin nicht. Aber das hieß nun bloß noch, daß die nationale Spannung nicht als *nationale* zum Ausdruck kam. Sie tat es in konfessionspolitischer Form, was an ihrem Charakter oder auch nur ihrer Schärfe nichts änderte. Man denke nur an das Thorner Blutbad.

Will man der wuchernden Legendenbildung also nicht bloß, wie heute beliebt, in der bürgerlich nationalistischen, sondern in jeder Hinsicht entgehen, so wird man einerseits einräumen müssen, daß die deutsch-polnische Überschneidung im 15. Jahrhundert nicht von einem nationalen Gegensatz her entstanden war und einen solchen *direkt* auch nicht nach sich zog. Aber man wird sich anderseits auch davor nicht verschließen dürfen, daß es auf dem Boden der hier geschaffenen Tatsachen *nachträglich*, und immerhin noch Jahrhunderte vor dem Beginn der ausdrücklich nationalstaatlichen Entwicklungen in Osteuropa, eben doch schon zu jenem Gegensatz kam. Seit dem Abrücken in zwei feindliche konfessionelle Lager besaß die deutsch-polnische Grenzüberschneidung eine fatale Tendenz, beide Völker unaufhörlich auf ihr gegensätzliches Wesen aufmerksam zu machen und so die bösen Folgen der Nachbarschaft hart im Raume gleichsam am laufenden Bande zu produzieren. Die beiderseits unbestrittene deutsche Kulturüberlegenheit erhielt damit einen neuen Akzent, einen moralischen und also aggressiven Hintersinn: Der Deutsche begann zu verachten, der Pole zu hassen. Dies verschärfte Bewußtsein des Gegensatzes verschärfte denselben dann aber noch zusätzlich. Der protestantische Aktivismus prägte über das Deutschtum auch den deutschen Katholiken, wie anderseits der polnische Protestant über sein Polentum jenen quietistischen Lebensstil annahm, den die siegreiche Gegenreformation hier wie in Österreich und dem romanischen Süden zur Folge hatte. Damit kam in das Kulturgefälle ein ungesunder Zug zur Versteifung und Vereinfachung der Extreme auf Kosten der entwicklungsfähigen Zwischenformen. Als dann wirklich der Nationalismus hinter den französischen Revolutionsheeren wie ein Fieberschauer den Erdteil durchraste, traf er im deutsch-polnischen Grenzraum wie sonst nur noch im irisch-englischen auf eine der Sache nach bereits ausgereifte Konfliktlage, der allein noch die Formel gefehlt hatte. So vermochte nicht etwa bloß der polnische Adel, sondern die ganze geteilte

Nation und gerade auch das in seinem Bildungsstande notorisch rückständige Bauerntum den Kampf um das polnische Volkswesen erstaunlich sicher zu führen und zu gewinnen. Dabei war das Kulturgefälle nach wie vor da und wirksam. Die Nachbarschaft der Interessen war gerade nach Polen hin, zwischen polnischem Land und deutscher Stadt, polnischem Agrarprodukt und deutschem Fabrikat, zu fast idealer Ergänzung gesteigert. Aber sie zahlte sich für das Grundverhältnis der beiden Völker nicht aus. Sie war durch die Nachbarschaft hart im Raume zwar nicht der Sache nach beseitigt, wohl aber um ihren Sinn gebracht.

Anders, fast gegenteilig verhielt es sich zwischen Deutschland und Rußland. Hier war die Nachbarschaft der Interessen zwar nie so kräftig wie zwischen Deutschland und Polen verwirklicht, aber sie konnte sich rein entfalten: ohne die Nachbarschaft hart im Raume. Dasselbe 15. Jahrhundert, in dem das Jagiellonenreich durch seinen Aufstieg die tragische Wende im polnisch-deutschen Verhältnis unabsichtlich einleitete, brachte auch die für das russisch-deutsche Verhältnis letztlich bestimmende Wendung. In den fünfziger Jahren drängten sich hier wie dort die Entscheidungen, hier wie dort stand im Mittelpunkte eine Stadt und deren dramatischer Positionswechsel zwischen feindlichen Machtbereichen. 1454 hatte Thorn durch seinen Übergang vom Ordensstaat zu Polen zwischen diesen beiden jenes Duell heraufbeschworen, in dem das Jagiellonenreich seine deutsche, nordwestliche Stellung schließlich endgültig konsolidieren sollte. Das war kaum ein Jahr nach einem anderen, noch folgenschwereren und allerdings radikal unfreiwilligen Übergang: dem von Konstantinopel aus der griechisch-orthodoxen Kultursphäre, deren Mitte es bislang gewesen war, in die von den Türken auf eigene Rechnung erneuerte islamische. Das Ergebnis war eine der merkwürdigsten Zellteilungen der Weltgeschichte. Der osmanische Sultan, bis vor kurzem kaum mehr als ein besserer Räuberhauptmann, besaß plötzlich die heilige Stadt, aber natürlich nicht die entsprechende geistliche Würde. Das Osmanische Reich rückte in der Folgezeit dann zwar trotzdem auch auf dem christlichen Balkan, wie zuvor schon südlich der Dardanellen, in Umriß und Struktur des Oströmischen ein. Doch wurde die geopolitische Nachfolge nie durch eine Traditionsübernahme vervollständigt. So blieb die türkische Balkanherrschaft bei aller brutalen Festigkeit zuinnerst illegitim, ein langfristiges Provisorium. Die kleinen slawischen Völker, die vorher schon mit der byzantinischen Reichsidee so wenig Glück gehabt hatten, fanden zu der neuen erklärlicherweise erst recht keinen Zugang. Die Ausschöpfung ihrer Lebenskraft für die neue Herrschaft gelang nur durch Konzeptionen von großartiger Künstlichkeit, durch die dressierte Unnatur des Janitscharentums, gegründet auf den »Knabenzins« als ebenso unnatürliche Rekrutierungsform. Mit der Zeit färbte trotzdem einiges vom islamisch-türkischen Lebensstil mit seiner maskulinen Geselligkeit, seinen Badestuben und Kaffeehäusern auf den christlichen Balkan ab. Das Überschichtungsverhältnis im ganzen aber blieb roh und äußerlich, bar jeder eigentlichen Entwicklung.

Das Osmanenreich ähnelte in dieser Hinsicht wie noch in so mancher anderen, etwa der Sozialstruktur und der natürlichen Doppelfront gegen Deutschland und Rußland, dem litauisch-polnischen Großreich, das sich ihm auch räumlich im Norden, nach Europa hinein, wie eine organische Fortsetzung anschloß. Wie dort der christlich-islamische Gegensatz stand hier der praktisch kaum minder krasse zwischen römisch- und griechisch-katholischem Christentum einer inneren Konsolidierung des Reiches dauernd und unüberwindbar im Wege. Und auch hier lag die falsche geschichtliche Weichenstellung bei ihrem Wirksamwerden bereits Jahrhunderte zurück. Als der litauische Adel im 13. Jahrhundert überwiegend der westlichen, römisch-katholischen Form des Christentums beigetreten war, hatte er ahnungslos seinem Plan, dem Sammeln russischer Länder, das schließlich entscheidende Handikap zugefügt. Als dann das Osmanenreich auf dem Balkan erst auszugreifen begann, hatte Litauen weiter nördlich sein allrussisches Programm schon fast restlos erfüllt. Das von der Ostsee bis an das Schwarze Meer reichende Großfürstentum, langsam in einem noch größeren Königreich Polen aufgehend, war vor sich selbst wie vor der Welt, und keineswegs ohne Grund, *Rußland*. Es hatte die Masse der Rußländer staatlich vereinigt und dabei sich selbst dem politischen Schwerpunkt wie dem geistigen Habitus nach in das Russische hin verlagert. Und doch blieb diese sonst so verblüffende Angleichung gerade auf dem entscheidenden, religiösen Sektor von vornherein Stückwerk. Ja selbst räumlich war das System nicht vollkommen gelungen. Hinter dem gewaltig von Meer zu Meer sich erstreckenden litauisch-polnischen Rußland gab es, wie europäische Reisende zu berichten wußten, am äußersten Rande der Welt ein *zweites Rußland*, das wütend zeternd von sich behauptete, das wahre, das einzige Rußland zu sein.

Man hatte das lange nicht ernst genommen. Denn der altrussische Schwerpunkt um Kiew lag ja unbestritten in Litauen, ja war *dessen* Schwerpunkt. Aber das war es eben: Das Land um Kiew war der *russische* Schwerpunkt schon längst nicht mehr. Es war von einem solchen zum bloßen Grenzland, auf russisch »Ukraina«, herabgesunken – Rußlands Schwerpunkt war nach Nordosten, in den Raum um Moskau, gewandert. Und das Großfürstentum Moskau, wie hinterwäldlerisch unwesentlich es sonst anmuten mochte, war griechisch-orthodox! Es war damit für Rußland und die gesamte ostchristlich-slawische Welt eine *legitime* Macht. Und es wußte das. Es hielt zäh fest an dem einzigen echten Vorteil, den es damit dem sonst so viel glücklicheren Litauen und erst recht Polen und vollends dem Osmanenreich gegenüber besaß. Seit der Eroberung Konstantinopels, der türkischen Liquidierung des oströmischen Reichsrestes, war es sogar die *einzige* dergestalt legitime Macht! Das Unglück der Kaiserstadt nebst dem weltgeschichtlichen Pech des osmanischen Großherrn, die Erbschaft nicht voll genießen zu können, war Moskaus große Gelegenheit. Ausgerechnet der späte Nachfahre Ruriks in dem Kreml hinter den Föhrenwäldern besaß jene geistliche Vollmacht, die den neuen Herren am Bosporus zu ihrem Glück so verhängnisvoll fehlte. So erbte er, nur auf andere Art. Mit Sophia Paläolog, der Nichte des letzten oströmischen Kaisers, machten sich die verwaisten Symbole, der Doppeladler und bald auch der Zarentitel, auf die Reise nach Norden.

Hinzu kam wie eine Erleuchtung die Formel von Moskau als dem Dritten Rom, auf das kein weiteres folgen werde. Konstantinopel war damit noch einmal erobert, aber nun nicht raumkörperlich Stein für Stein und Gasse für Gasse, wie es die rüden Türken getan hatten, sondern als Numinosum, als jenes altheilige Zargrad, das der osmanische Padischah mit all seiner Kriegsmacht nicht an sich zu bringen vermocht hatte.

So war Moskau denn plötzlich mehr, unvergleichlich mehr als die Steinwüste an den Meerengen, die weiter Konstantinopel hieß, oder das zu einem Faustpfand der Litauer herabgesunkene Kiew. Das maßlos gesteigerte moskowitische Selbstgefühl stand freilich in einem schreienden Gegensatz zur barbarisch rückständigen Wirklichkeit, zur mehrfach gestuften Kulturunterlegenheit schon Litauen und vollends Polen und mehr noch Deutschland gegenüber. Die wüsten Schimpfreden, die mit den Bekundungen zarischen Selbstgefühls so ununterscheidbar in eins gingen, zielten denn auch noch geraume Zeit auf die Lateiner im allgemeinen, die Deutschen ebenso wie die Polen und Litauer. Doch klang dieser Tonfall bald nicht mehr ganz echt. Rußlands Lage war paradox. Es hatte durch den Untergang Konstantinopels, in dessen Weihe es sich jetzt kleidete, zugleich doch auch endgültig seinen alten Lehrmeister eingebüßt. Derselbe Grund also, der den Zuwachs an Selbstbewußtsein bewirkte, zwang anderseits zu jenem Ausbau der Westkontakte, der mit dem Eingeständnis der Kulturunterlegenheit praktisch zusammenfiel. Das war eine böse Schwierigkeit, und wie wohl immer in solchen Fällen ging es bei ihrer Meisterung nicht ohne seelische Schrammen ab, ohne ein spöttisches Abrücken von den deutschen Wurstessern und ein tendenziöses Verklären der eigenen Einfalt. Der Deutsche wurde nie unverdächtig. Immerhin kam die Nachbarschaft hart im Raume hier nicht noch, wie zwischen Polen und Deutschen, erschwerend hinzu. So entstand für Rußland auch nie das Dilemma, dem überlegenen Kultureinfluß nur mittels einer sterilen, rein antithetisch bedingten Kontrastentwicklung entgehen zu können. Während Polen schließlich zum Kehrbild Preußens entarten sollte, konnte Rußland das Neue und Fremde ohne Angst um das Alte und Eigene annehmen. Die Moskauer Ausländervorstadt, die von alters her Deutsche Freiheit, Njemjezkaja Sloboda hieß, lag sorgsam umgrenzt und privilegiert in der barbarischen Weitläufigkeit. Sie gewann in dem neuen, zarisch selbstbewußten Moskowien nur noch mehr an Wert und Beachtung; man denke an ihren kaum überschätzbaren Einfluß, als Lehrstätte und als soziales Modell, auf die Jugendentwicklung Peters des Großen. Und sie blieb wesentlich deutsch, ihrem Namen getreu, auch wenn das Völkergemisch mit der Zeit immer bunter ausfiel und ab und an der Schotte oder etwa noch der Lombarde, der Holländer statt des Deutschen den Ton angab.

Vom 17. Jahrhundert an machte Moskau seinerseits mit dem Sammeln russischer Länder Ernst. Und eben jetzt begann auch Norddeutschland, von Berlin her, auf die zwiefache, schwedische und polnische Übermacht mit eigenen Anstrengungen zu antworten. In das deutsch-russische Grundverhältnis begann damit von jenem Sachverhalt her, der bereits als Nachbarsnachbarschaft vorgemerkt wurde, eine zusätzliche und wieder günstige

Komponente hineinzuspielen. Daß man dem Nachbarn des Nachbarn ein Freund sein möge, ist ein uralter, vom staatsmännischen Bewußtsein aller großen politischen Zeiten einstimmig erteilter Rat. Und es ist kein schwer zu befolgender Rat. Denn er liegt dicht an der Grenze zur bloßen Beschreibung von anlagehaft ohnehin stets Gegebenem. Wo zwischen Völkern und Staaten politisches Einvernehmen über die Gelegenheiten des Tages hinaus Bestand hat, da ist, wenn man näher zusieht, Nachbarsnachbarschaft fast immer, wenn auch nicht unbedingt allein und bewußt, motivierend. Das neuere deutsch-russische Verhältnis ist hierfür förmlich ein Musterbeispiel. Seit 1386 der litauische Jagiello die polnische Hedwig geheiratet hatte und also plötzlich in Osteuropa aus zwei mächtigen Staaten ein gewaltiges Reich entstand, besaßen Deutschland und Rußland oder jedenfalls das, was man in der zerfallenen Mitte Europas und an dessen fernstem nordöstlichen Rande bei einigem guten Willen so nennen konnte, einen gemeinsamen Nachbarn: Sie waren Nachbarsnachbarn geworden. Mit seiner östlichen, litauischen Hälfte stand das Jagiellonenreich tief in Rußland. Und Moskowien hatte das niemals verschmerzt. Daß es nach leidlicher Abschüttelung der Tataren seine Front nach Westen herumwarf, kam nicht einmal für Polen-Litauen selbst überraschend; es wäre widernatürlich gewesen, wenn Moskowien sich anders verhalten hätte. Im Westen, nach Deutschland hin, lagen die Dinge nicht ganz so kraß, aber immer noch problematisch genug. Der preußisch-baltische Ordensstaat hatte de facto zum Reiche gehört. Sein Übergang aus der deutschen in die jagiellonische Machtsphäre war zwar, wie bereits eingeräumt, nicht als nationale Frage empfunden worden, aber auch nicht einfach als eine dynastische. Nach zweihundert Jahren konnte der Vorfall als Motiv der brandenburgischen Politik kräftig wieder aufleben. Immerhin hatte es sich hier nicht zwar um des Reiches, aber um Deutschlands erste massive Einbuße vor dem Westfälischen Frieden gehandelt.

Trotzdem blieb jahrhundertelang um das Jagiellonenreich alles ruhig. Auch miteinander verbündet waren Brandenburg und Moskowien dem Giganten in ihrer Mitte zunächst ja allzu grotesk unterlegen, als daß ihnen der Gedanke eines gemeinsamen Vorgehens überhaupt hätte kommen können. Zudem hatte das Jagiellonenreich seine gleich anfangs gegen Rußland und Deutschland so weit vorverlegten Stellungen in der Folgezeit kaum noch verändert. Es bedrohte niemand, war weder äußerlich aggressiv noch innerlich despotisch. Auf den hauptsächlichen Motor neuzeitlich-dynamischer Machtentfaltung, den zentralistischen Staatsapparat, verzichtete es fast völlig und zweifellos sehr bewußt. Der Aufbau war föderalistisch-aristokratisch. Die ungewöhnlichen Rechte der polnischen Schlachta, die in ganz Europa nicht ihresgleichen fanden, wirkten auf den litauischen und ruthenischen Adel wie ein Magnet und verursachten damit einen Verschmelzungsprozeß, der jahrhundertelang verläßlicher als jede Staatsgewalt das Großreich zusammenhielt. So war das entstanden, was man als die polnische Adelsnation zu bezeichnen pflegt: eine sonderbare gesellschaftliche Verschrägung und Ausweitung des Polentums über den polnischen Volksraum hinaus tief nach Osteuropa hinein. Und von dieser ungewöhnlichen Voraussetzung her hatte man es dann wirklich fertiggebracht, den Vorteil der politischen Großform ohne den üblicherweise damit verbundenen Nachteil der einheitsstaatlichen Zwangsordnung zu genießen. Nicht allein für den Adel von ganz Europa, sondern für alles, was Freiheit liebte, bedeutete das eine Faszination. Wie die deutschen Städte der Weichselniederung wäre am liebsten auch Nowgorod zu der Jagiellonenmacht übergegangen, wenn es dies nur vermocht hätte, wenn es statt dessen nicht von den grausamen letzten Ruriks schauerlich liquidiert worden wäre. Auch die Verfolgten aus Ost und West, Sektierer und Verschwörer, kasakierende Leibeigene und vor dem Rekrutendrill flüchtende Bauernsöhne pflegten das große Reduit der Freiheit jedem anderen Aufenthalt vorzuziehen. Und vielleicht zeugt gerade dies, diese Anziehungskraft auf das einfache Volk, mehr als alles sonst für den Rang jener einzigartigen Schöpfung. Die Kosaken am Dnjepr, die längst als Saporogische Ritterschaft mit undefinierbarem Status irgendwie zwischen Grenzmiliz und Nation ein kühnes Sonderdasein entwickelt hatten, waren ebenfalls einige Zeit auf dem besten Wege, sich als ein energischer weiterer Typus polonisierten Kleinadels endgültig in dem großen Adelsreich staatlich zu etablieren. Die polnische Gegenreformation vereitelte das wie so manches andere.

In der zweiten Hälfte des 16. Jahrhunderts überschritt das Großreich den Scheitelpunkt seiner Entwicklung. Äußerlich wurde sein Abstieg noch mehrere Menschenalter lang kaum erkennbar. Äußerlich wurde im Gegenteil jetzt erst aus Polen-Litauen wirklich ein Reich: In Lublin

1569 war endlich die Realunion zwischen den beiden Staaten, die langerstrebte Einheit unter der polnischen Krone, zustande gekommen. Kurz darauf, nur drei Jahre später, erlosch das Jagiellonenhaus im Mannesstamm. Polens Wahlkönigtum, bisher wegen der Koppelung an Litauens erbliches Großfürstentum eine Formalität, war plötzlich eine ernsthafte Angelegenheit und nun aber auch gleich, angesichts einer am Streit der Bekenntnisse sich entzündenden Bürgerkriegskonstellation, eine Sache auf Leben und Tod! In ähnliche Gefahren geriet zu derselben Zeit Frankreich, und auch der Ausgang war, wenigstens in der konfessionellen Hinsicht, ein ähnlicher: Hier wie dort trug schließlich das reaktivierte alte Bekenntnis den Sieg davon. Aber Frankreich besaß eine Erbmonarchie und damit einen Ansatz überparteilicher Selbstvergewisserung, an dem, wenn Devote und Hugenotten sich schlugen, die Politiker weiterarbeiteten. Wenn Devote und Hugenotten sich aber *nicht* schlugen, so arbeiteten auch sie daran weiter. Im Grunde also waren Reformierte und Katholiken, Gallikaner und Päpstliche zwischen den verschiedenen Blutbädern und Scharmützeln hier doch immer wieder einträchtig um die Gesamtform bemüht. Man konnte das in diesem Fall, weil die Gesellschaft hier sozusagen nicht sich selbst überlassen war, weil sie sich vor dem Ausbruch ihrer Manie hier noch selbst in den Zwinger geschlossen hatte, der die Geister der aus den Fugen geratenen Zeit am ehesten abprallen läßt. Polen besaß keinen solchen Zwinger. Das war bisher seine Herrlichkeit und nunmehr sein Verhängnis. Frankreichs Gesellschaftsordnung wurde durch die Konfessionskriege mindestens nicht weniger schwer geschädigt, aber hier griff der reziprok erstarkende Staat sogleich und nur allzu gern kompensierend ein, um die Beziehung seit Richelieu sogar umzukehren und nun seinerseits auch noch dem Rest gesellschaftlich autonomer Ordnung den Garaus zu machen. In Polen war die Gesellschaft, deren Zerfall der Staat hätte kompensieren sollen, *selbst die Kompensation für den hier nicht erwünschten Staat.* Aus dem einfachsten Grunde der Welt kam hier also auch Richelieus Notrezept grundsätzlich nicht in Betracht. So kehrte, als der jesuitisch durchrationalisierte Katholizismus schließlich mit äußerster Kraft gesiegt hatte, die Ordnung gleichwohl nicht wieder. Die Bürgerkriegskonstellation blieb bestehen und war, wenn es statt um Bekenntnisformeln plötzlich nur noch um Starosteien ging, für das Ganze nicht minder verderblich.

Wie rapide die polnische Auflösung unabhängig von ihren wirklichen und vermeintlichen Ursachen weiterging, war zunächst für ganz Europa und nicht zuletzt für Polen selbst eine Überraschung. Aber anders als irgendwo sonst war hier eben mit der Gesellschaft *alles* in Auflösung. Selbst die einzige echte Errungenschaft dieser unheilvollen Zeit, die im Lager der alten Kirche zurückgewonnene nationale Einheit, konnte sich hier in politischer Hinsicht nur zusätzlich unheilvoll auswirken. Frankreich kehrte zwar auch zum Katholizismus zurück, aber *anders.* Um den unabhängigen Staatsgrund hatten die Gegensätze sich ausschwingen müssen. Und an dieser Abklärung hatten aus beiden Parteien unterschiedlichste Naturen wie von der einen Seite Heinrich IV. und von der anderen Richelieu einen etwa gleich bedeutenden Anteil.

Anderseits waren dabei die katholischen Radikalen, die Häupter der Liga und ihre jesuitischen Inspiratoren, nicht anders als die hugenottischen Eiferer auf der Strecke geblieben. So war die zurückgewonnene Ordnung hier *ausbalanciert,* unbeschadet ihres dogmatisch einseitigen Vorzeichens. Und selbstverständlich trieb auch das wieder katholische Frankreich *französische* Politik. In Polen fehlte der unabhängige Staatsgrund, und das führte zwangsläufig zu einer Unbedingtheit erst des Kampfes und dann des Sieges: Polen trieb fortan *katholische* Politik – wie sonst nur noch Spanien und Österreich und wie diese heroisch gleichgültig an den Eigenbelangen vorbei. Bekanntlich kam Spanien auf diese Weise um seine Stellung als Weltmacht und Österreich immerhin um die Prärogative in Deutschland. Polen aber stand gefährdeter als Österreich und vollends Spanien da, schon aus allgemein geopolitischen Gründen und nun erst recht konfessionspolitisch. Denn in jeder Himmelsrichtung außer dem habsburgischen Südwesten war es ja von Mächten umringt, die gegen Rom entweder wie Rußland und die Türkei eine uralte Abneigung oder wie Schweden und Brandenburg eine jüngere, desto frischere hegten. Daß die Exponierung unter solchen Umständen schließlich noch teurer als selbst von Spanien bezahlt werden mußte, wirkt rückblickend besehen nicht gar so erstaunlich.

Seit der Kirchenunion von Brest 1596 waren die Fronten endgültig klar. Inzwischen hatte in der Ukraine das große Wählen begonnen, das Schwanken zwischen Freiheit und Rechtgläubigkeit, zwischen dem verdächtig gewordenen Adelsreich und dem nach wie vor ungeliebten, aber nun fast als das kleinere Übel erscheinenden

Moskowitertum. Wie gleichzeitig nach Deutschland hin brach der nationale Gegensatz infolge seiner Deckung mit einem religiösen auch hier unzeitig früh und mit von vornherein negativem Vorzeichen auf. Zu allem Unglück deckte er sich im polnischen Rußland aber außerdem auch noch, wie im englischen Irland, mit einem *sozialen*, mit dem zwischen einer dünnen, zuchtlos luxurierenden Magnatenschicht und einer armselig vegetierenden, aber gleichfalls zuchtlosen, östlich unsteten Bauernmasse. So konnte bald darauf ein für sich fast nichtiger Anlaß, der Privatkrieg des Hetmans Chmelnizki gegen den Starosten Tschaplinski, den großen Aufstand entfachen, der bald die schauerlichen Aspekte eines unvorstellbar blutigen Bürgerkrieges mit den ekstatischen eines national-religiösen Kreuzuges verband. Ein unabhängiger Hetmanstaat in der Ukraine östlich des Dnjepr, unsicher in seinen Grenzen und Rechten, war das Anfangsergebnis. Drei Jahre vor seinem Tode stellte Chmelnizki ihn unter moskowitischen Schutz. Er verhalf dem größeren Gegensatz, der bald über sein Werk hinausgehen sollte, damit noch selbst zur Entfaltung. Und je deutlicher der Kosakenstaat in der Folgezeit nicht nur von außen durch Polen und Krimtataren, sondern fast mehr noch von innen durch das unberechenbare Kosakentum selbst immer wieder in Frage gestellt wurde, um so maßgeblicher trat neben den oft so hilflosen ukrainischen Hetman der moskowitische Zar als ein übermächtiger, seinen Schutz tyrannisch aufdrängender Helfer. So fand der Entscheidungskampf im Jahrzehnt nach Chmelnizkis Tode unter neuem Vorzeichen statt: Der innere Konflikt zwischen polnischer Staatsräson und kosakischem Separatismus war verwandelt in einen äußeren, regulären Krieg, in dem zum ersten Mal ohne Rücksicht auf die historischen Grenzen Moskowien schlechthin Rußland und Polen nur noch Polen bedeutete. Und etwas Unerwartetes trat nun ein: Rußland siegte! Polen wurde erstmals von seinem nordöstlichen Nachbarn eindeutig geschlagen und mußte zurück. Es erkannte im Frieden von Andrussowo 1667 die nun aber schon von der anderen, moskowitischen Seite her unterhöhlte Autonomie des ukrainischen Hetmanstaates endgültig an, trat Kiew mit der Metropolie an den Zaren ab und ebenso weiter nördlich fast alle Gebiete östlich des Dnjepr einschließlich Smolensk.

Das war der Anfang vom Ende Polens. Dabei war Moskowien oder, wie es sich nun mit zunehmendem Recht nennen durfte, Rußland noch immer politisch und vollends kulturell unterlegen. Aber es hatte den Sieg auch nicht wirklich allein errungen. Polen war in den entscheidenden Jahren auch im Westen in Kämpfe verwickelt gewesen. In den letzten Jahren Chmelnizkis, als sich der lokale, ukrainische Widerstand durch das Schutzbündnis mit dem Zaren zur nationalen, schlechthin russischen Frontstellung gegen Polen ausweitete, fiel im Westen Karl Gustav von Schweden erst im Alleingang, dann mit Brandenburg, mit dem Großen Kurfürsten verbündet nochmals und nachdrücklicher in Polen ein. Er hatte dazu allen Grund. Auch hier nämlich war auf die, wie man nun bereits sagen mußte, typisch polnische Weise Religiöses mit Dynastischem, Gesellschaftlichem und schließlich Nationalem zur unentwirrbaren Gesamtkonfusion verwickelt. Nur weil sich Polen als Vormacht der Gegenreformation auch nach dem protestantischen

Westen hin heldisch-unklug ins Zeug gelegt hatte, war Johann Kasimirs Erbanspruch auf den Thron der Wasas als Zumutung, bare Unmöglichkeit von Schweden mit jenem Angriff quittiert, der sich nach Polen hinein sozusagen organisch als ein Chaos von Adelswirren und Staatskrisen fortsetzte.

Erst diesem ungleichen Kampf gegenüber erhielt Brandenburg plötzlich den außenpolitischen Spielraum, der zu seiner bescheidenen Macht in einer zunächst so befremdlichen Relation stand. Dem Großen Kurfürsten gelang das für jeden schwachen Staat, der zwischen Stärkeren nur lavieren kann, ewig lehrreiche Meisterstück: In Verkehrung der üblichen Redensart machte er Politik zur Fortsetzung des Krieges mit anderen Mitteln, indem er erst mit Schweden verbündet Polen die preußische Lehnshoheit abrang, um dann jäh schwenkend, nun mit Polen verbündet, Schweden an einem ähnlichen, umfangreicheren Profitieren von derselben bequemen Quelle zu hindern. Damit war Brandenburg plötzlich ein eigenmächtiger Staat und Norddeutschland nach der Ostsee und Osteuropa hin nicht mehr schutzlos. Schweden war auf dem Feld seiner bisher leichtesten Siege unmißverständlich gestoppt. Es sollte in Deutschland hinfort nicht mehr vordringen. *Zurück* aber, gleichsam die Zeche bezahlen, hatte auch hier nur Polen gemußt.

Zwischen dem polnisch-schwedisch-brandenburgisch-dänischen Krieg im Westen und dem polnisch-moskowitisch-kosakisch-krimtatarischen Dauerkonflikt im Osten bestand *thematisch* kein Zusammenhang. Der tatsächlichen Machtlage nach jedoch waren beide Vorgänge engstens miteinander verbunden. Polen hatte, wie es nur logisch ist, die gleichzeitige Exponierung nach beiden Seiten mit beiderseitiger Niederlage bezahlt. Die Friedensschlüsse von Oliva 1660 und Andrussowo 1667, obwohl nicht einheitlich konzipiert, bedeuten mit der Abtrennung Preußens im Westen und des Hetmanstaates im Osten ein erstes tatsachenmäßiges Wirksamwerden der Nachbarsnachbarschaft: *eine erste Teilung Polens* – mehr als ein Jahrhundert vor der ausdrücklich so genannten ersten! Unaufhaltsam nahm das Verhängnis anschließend seinen Lauf. Obwohl die Amputationen hier wie dort keine lebenswichtigen Glieder, sondern nie echt durchdrungene Außenteile betroffen hatten, nahm die Zerrüttung seitdem ein beschleunigtes Tempo an. Schon im Großen Nordischen Krieg war Polen nur noch Objekt und im Siebenjährigen Krieg sogar dies kaum noch. Niemand stritt sich mehr um das Reich, wo ohnehin jeder tun konnte, was er wollte, wo deutsche und russische Generale ihre Schwadronen wie in einem Kolonialland herumkommandierten und das wenige, was staatlich noch interessant war, an fremden Höfen entschieden wurde. Die Polnischen Teilungen glichen die offiziellen Staatsformen großenteils jenen längst vollendeten machtpolitischen Tatsachen nur wieder an.

Als glanzvolle Epigenese des Mittelalters und seiner adlig-sakralen Ordnung war Polen doch eben nur, wie jede Epigenese, eine Sackgasse der Entwicklung mit begrenzter innerer Laufzeit gewesen. Ranke sprach einmal, auf ein altes etruskisches Denkmotiv anspielend, von dem jeder großen Nation speziell zugemessenen »Welttag«: Der polnische war jetzt zu Ende. Beklemmend gleichzeitig und auch gleichartig wuchsen seit langem schon an den Rändern des sinkenden Reiches jene seltsamen neuen Gebilde, die mit ihrer kahlen Strenge, ihrer starren Zentralität um Berlin und Moskau gemessen an jener freien und heiteren Welt wie Gefängnisse anmuten mochten. Man kann sie deshalb hassen oder verachten, kann der sturen preußischen und moskowitischen Modernität sehr wohl das feinsinnige alte Polen vorziehen wie überhaupt, wir streiften es schon, das Mittelalter der Neuzeit. Politik aber hat es lediglich mit dem Realen zu tun, nicht mit dem real Gewesenen, denn sie ist nun einmal, wiederholen wir es getrost, die Kunst des Möglichen. Gerade durch ihre zwangshaften, starr zentralistischen Züge erwies sich die Staatsordnung preußischen und moskowitischen Stils in dem Eisernen Zeitalter, das heraufzog, jedenfalls als möglich. *Ihr* Welttag hatte begonnen.

IV.

Es gibt auch unter den Katastrophen noch Rangunter-
schiede, es gibt in der Politik nicht anders als in der Stra-
tegie neben den Formen des bloßen und völligen Schei-
terns auch den Typ des geordneten, planvoll bemessenen
Rückzugs aus unhaltbar werdender Stellung, man denke
an den Venedigs aus der Levante im 17. Jahrhundert oder
heute den Großbritanniens aus seinem Weltreich. Polens
Auflösung ist selbst in dieser Skala noch ein düsterer Son-
derfall. Man hat neuerdings mehrfach an den in Bausch
und Bogen verurteilten Polnischen Teilungen noch
als besonders erschwerend gerügt, daß hier nicht etwa
bloß ein Land, seines Willens gewaltsam beraubt, den
Besitzer gewechselt habe, was schließlich auch früher in
ähnlich fragwürdiger Form mehr als einmal geschehen
sei, sondern daß dabei zum ersten Mal in der neuzeitlichen Geschichte eine historische Landschaft willkürlich
zerschnitten und also zu allem übrigen auch die innere
Ordnung des brutalisierten Objektes mißachtet wurde.
Tatsächlich verhält es sich gerade umgekehrt. Tatsächlich
stößt man gerade am kritisierten Punkt auf den Sachverhalt, dessen Beispiellosigkeit auch die der Teilungen zwar
nicht ganz und gar, aber doch weitgehend rechtfertigt.

Was Preußen in der ersten Teilung 1772 und Rußland
außerdem sogar noch in der zweiten 1793 aus dem ver-
morschten polnischen Großreich herausschnitten, also
einesteils Westpreußen mit dem Netzedistrikt und anderseits die Hauptsache von Weißrußland, Kleinruß-
land und Podolien, war einwandfrei *nicht polnisch*, war
deutsch oder russisch. Aber wir müssen hinzusetzen:

Diese Randgebiete im Westen und Osten waren es *zum fraglichen Zeitpunkt* nicht mehr. Noch hundert Jahre und erst recht zweihundert Jahre zuvor hatte sich das von Grund auf anders verhalten. Abgesehen von einigen räumlichen und strukturellen Grenzfällen, einigen Städten und kirchlichen Einflußbereichen waren die bewußten Gebiete in jener Vorzeit tatsächlich nicht nur der staatlichen Form, sondern auch dem Inhalt, der nationalen Kultursubstanz nach überwiegend polnisch gewesen. Seither war es in Westpreußen und der Westukraine nicht etwa zu Polenvertreibungen gekommen. Der deutsche Einschlag vornehmlich in den Städten, wie auch mehr östlich und ländlich der russische, hatte sich allerdings aus verschiedenen Gründen beträchtlich erhöht. Trotzdem waren die nationalen Mischungsverhältnisse nirgends entscheidend verändert. Qualitativ jedoch tat die neuzeitliche Schwerpunktverschiebung vom Lande zur Stadt und vom Adel zum Bürgertum der Nation des Landadels gleich in mehreren Hinsichten Abbruch. Daß mit Stadt und Bürgertum der hier verdichtete fremde, deutsche und jüdische Einschlag unverhältnismäßig gestärkt wurde, war nicht das einzige. In letztlich demselben Sinne änderte sich vielmehr *auch das Land.* Es war ja gleichfalls nicht durch und durch polnisch. Nur in den nationalen Urlandschaften um Posen, Warschau und Krakau sprach das Bauerntum mit dem Adel dieselbe Sprache. Schon in Westpreußen und Galizien war das nicht mehr der Fall, obwohl auch diese Gebiete noch dem altpolnischen Westflügel des Gesamtraumes zugehörten. In dem altlitauischen Ostflügel vollends, also in gut zwei Dritteln der ursprünglichen vollen Reichsge-

stalt, war Polen ohnehin nie und nirgends kompakt na-
tional vertreten gewesen, sondern durchweg nur in der
erwähnten gesellschaftlichen Verschrägung: als Adelsnation über einem Mosaik von Kleinvölkern. Solange
sich das Reich aus der neuzeitlichen Entwicklung, die
überall sonst schon anlief, noch halbwegs heraushalten
konnte, war diese ländliche Oberschicht in der Tat *die
Nation* – ein einziges großes Polen erstreckte sich zwischen Ostsee und Schwarzem Meer, der Anspruch auf
den gewaltigen Raum war nicht nur formaljuristisch,
sondern auch vom geschichtlichen Wesen der Groß-
landschaft her legitim! Und hätten sich die Polnischen
Teilungen mit ihrer Rücksichtslosigkeit gegen alle historischen Grenzen an *dieser* Legitimität vergangen, so
entspräche das modische Verdikt allerdings nur dem
Tatbestand.

Aber so war es ja nicht: Es war *umgekehrt.* Im Sog und
Wirbel der Nordischen Kriege hatte sich die Zerrüttung
der Adelsnation mit hoffnungslosem Zurückbleiben hinter den neuzeitlichen Machtaufgeboten ringsum, also die
absolute Schwächung mit der relativen, endgültig zusam-
menzufinden und gleichsam zu multiplizieren begonnen.
Das bedeutete eine radikale und ebendeshalb kaum in
einzelnem manifestierte Abdankung. Die Tragik war ja
gerade, daß alles beim alten blieb. Gerade das zähe Be-
harren auf mittelalterlich-ständischen Privilegien und
Überzeugungen führte in der radikal gegenläufig gewordenen Lage zu jener uferlosen und geradezu prinzipiellen Ohnmacht, jener beispiellosen Synthese von Anar-
chie und Rückständigkeit, die als »polnische Wirtschaft«
heute noch sprichwörtlich ist. Der Stand, der zugleich

die Nation war, vernichtete durch diesen Willen zur un-
verwandelten Selbstbehauptung gründlicher sich selbst,
als alle Feinde zugleich dies vermocht hätten: Er vernichtete seine *Bedeutung*. Er entkoppelte jene Verbindung von
Sonderstellung und Sonderleistung, die allein ihn bisher
befähigt hatte, das Völkergemisch Osteuropas, statt als
hilflos zerstreute Minderheit darin aufzugehen, vielmehr
vom polnischen Kernraum her einheitlich zu überfor-
men. So war es plötzlich geschehen: Die großpolnische
Adelsnation war verschwunden, *Polen war verschwunden*.
Was eben noch das polnische Großreich repräsentierte
und ausmachte, der weit durch Osteuropa gestreute polnische oder polonisierte Landadel, trieb jetzt im Chaos
als eine politisch hilflose, durch ihre Privilegien an einem
neuen Aufschwung englischen oder preußischen Stils
nur zusätzlich gehinderte Minderheit. Wie nach dem ersten Herbststurm in blühenden Gärten war alles traurig
verändert. Der Großraum zwischen Ostsee und Schwarzem Meer enthielt nun ein Mosaik von Kleinvölkern,
die noch kaum Völker waren: ein Mosaik von sich überschneidenden, und zwar sich in verschiedenen sozialen
Höhenlagen *verschieden* überschneidenden Sprach- und
Konfessionsgrenzen. Und wie das versunkene Ganze
waren nun auch diese Einzelgebilde entwicklungsmäßig
gekröpft. Sie hatten unter der Adelsnation nicht zu reifen
vermocht, hatten kaum irgendwo ein Bürgertum, eine
Sprache, ein nationales Eigenwesen hinreichend entwik-
keln können.

Alles dies zusammen bedeutete für Osteuropa eine
Universalkatastrophe, wie der Alte Orient sie nach dem
Ende Assyriens durchmachte und der biblische Bericht

vom Turmbau zu Babel sie ewig widerspiegelt: den Sturz
aus hoher Gesamtform in ein rückständiges, politisch
hilfloses Sprach- und Völkergewirr. Man hat sich lange
darüber gewundert, wieso gegen Ende des 7. vorchrist-
lichen Jahrhunderts Assyrien nicht nur als Reich, sondern auch als Volk so plötzlich und restlos verschwinden
konnte. Als Xenophon zweihundertzehn Jahre später
auf dem Rückzug der Zehntausend an den Ruinen der
assyrischen Metropolen Kalchu und Ninus vorüberkam,
konnte ihm niemand auch nur den Namen des Volkes
sagen, das einst von hier aus die Welt beherrscht hatte.
Man kennt heute den Grund dieses beispiellos radikalen
Verschwindens: Die gesellschaftliche Verschrägung der
Nation, die Verwandlung des Volkes in eine herrschen-
de Klasse war im alten Assyrien noch weiter gegangen
als später in Polen! Anscheinend reichte das assyrische
Volkstum zuletzt nicht einmal mehr in dem Kernraum
am mittleren Tigris bis auf die soziale Sohle hinab. Auch
hier gewann das Aramäische dem Akkadischen gegenüber unaufhaltsam an Boden: Assyrien muß in seinem
letzten, äußerlich größten Jahrhundert hoffnungslos
unterwandert gewesen sein. Und es muß dies selbst so
gewollt haben. Denn es vollzog ja *beide* Veränderungen
mit unverkennbarer Absicht. Wie es sich selbst beispiellos konsequent vom Volk zur Oberschicht, zur Krieger-
kaste verwandelte, so sorgte es mit kräftigsten, härtesten
Mitteln für die Verwandlung anderer, unterworfener
Völker in eine einheitliche Unterschicht, ein strukturlo-
ses Völkergemisch. Die Deportation der israelitischen
Nordstämme in das medische Grenzgebiet war eine
normale Regierungsmaßnahme: Assyrien *förderte* die

Unterwanderung, das Einstrudeln an der sozialen Sohle. Als die Meder dann überraschend siegten, war das Ende des Reiches, der Sozialstruktur und der Oberschicht zugleich überhaupt das des Volkes: Assyrien war verschwunden! Seine unfreiwillige Züchtung aber, das kleinasiatische Völkerchaos, überstand die Katastrophe und danach noch so manche andere, wie Unterschichten Katastrophen nun einmal zu überstehen pflegen. Mit verändertem Habitus lebt es heute noch fort. Vom Ararat bis zur Arabischen Wüste und vom Persischen Golf bis zum Mittelmeer läßt es, obwohl in sich formlos, den Umriß des verschwundenen Reiches noch immer erkennen.

Nicht ganz genau so, aber doch auffallend ähnlich steht es heute um Osteuropa. Das Großpolen der Lubliner Union ist zusammen mit seiner Sozialstruktur von der Erde verschwunden. Verschwunden ist das Osmanische Reich, das sich jahrhundertelang in Umriß und innerer Ordnung wie eine vergröberte Fortsetzung Polens nach Süden ausnahm. *Nicht* verschwunden jedoch ist das Völkerband, auf dem sich jene Großreiche einstmals aufgebaut hatten. Es ist innerlich formlos wie das kleinasiatische Völkerchaos, und es läßt trotzdem wie dieses die verschwundene Großform im ganzen erkennen. Zwischen Deutschland und Rußland läuft es immer noch in gewaltiger, nach Süden sich charakteristisch verbreiternder Schräge von der Ostsee zum Schwarzen Meer und zum Balkan. Es ist wegen seines inneren Zustandes unberechenbar labil, eine Einladung für jeden äußeren Machtwillen. Man hat es als osteuropäische Schütterzone gekennzeichnet, ja geradezu als den Teufelsgürtel Europas oder in spezieller Hinsicht auf seine südliche Hälfte als das europäische Pulverfaß. Das ist wieder typisch. Auch das kleinasiatische Völkerchaos war ja von jeher auf Grund seiner Schwäche, als ein bloßes Objekt der Weltpolitik, nur *besonders* gefährlich. Es war der klassische Zankapfel einmal zwischen Westen und Osten und dann wieder zwischen Süden und Norden: zwischen Medern und Chaldäern, Römern und Parthern, denen dann Byzantiner und Perser, Araber, Kreuzritter, Mamelucken, Mongolen und so viele andere bis zur Gegenwart folgten. Der Erste Weltkrieg begann zwar ebenso wie der Zweite in der osteuropäischen Schütterzone, die auch heute schon wieder den ernstesten weltpolitischen Krisenherd darstellt. An zweiter Stelle aber stand vor dem Ersten Weltkrieg und steht auch heute wieder der Nahe Osten, der Raum zwischen Nil und Persischem Golf. Und der Name »Syrien« deutet wie ein verwehter Laut noch immer auf den uralten Entstehungsgrund. Wer da neunmalklugerweise meint, der Raum sei heute nur noch wegen des Öles strittig, verkennt die Relation: Das Öl ist wegen des Raumes strittig! Öl auf dem Gebiet der Sowjetunion oder der Vereinigten Staaten löst bekanntlich derartige Wirkungen *nicht* aus ...

Man hat die Grundtatsache, die hier überall durchblickt, mit dem Scherz charakterisiert, daß die Politik wie die Luft und die Philosophie keinen leeren Raum dulde. Tatsächlich kann eine Gruppe gleichmäßig macht*voller* Räume, sobald sie sich hinlänglich ausbalanciert hat, sobald sich also die Gegenkräfte von Nachbarschaft und Nachbarsnachbarschaft im Gesamtergebnis ungefähr aufheben, im Prinzip beliebig lange konfliktlos fortbestehen. Ein immanentes Machtgefälle und also

eine Versuchung, es um den Preis allgemeiner Konflikt-
gefahr auszunutzen, ist bei der angenommenen Sachlage
ja nicht vorhanden. Natürlich können Eitelkeit, Neid
und Dummheit hier wie überall ihr Zerstörungswerk
anrichten. Aber es ist nicht notwendig, es ist nicht einmal besonders wahrscheinlich, daß ein ausgewogenes
Staatensystem der üblichen Summierung menschlicher
Schwächen erliegt. Sehr wahrscheinlich, fast unvermeidlich ist es dagegen, daß ein macht*leerer* Raum das System
zum Einsturz bringt. Hier nämlich hört es auf, ein eigentliches System zu sein. Hier muß jede Macht, allein schon
um den Nachbarn nicht einseitig in Vorteil kommen zu
lassen, ihre Grenze vorverlegen, ihre bisherige Mäßigung
aufgeben. Damit ist dann bereits das Ganze labil. Wie bei
einem Orkantief entsteht um den Hohlraum ein Wirbel, hier also ein Machtwirbel, ein »Krisenherd«. Und da
Stabilität die Ausnahme, Labilität die Regel ist, wird ein
derartiger Zustand nur allzu leicht chronisch. Die Schwäche ist dann der Mittelpunkt, um den sich von allen Seiten her eine politische Kraft nach der anderen, ein ganzes
Kräftesystem nach dem anderen aufbrauchen kann, wie
es seit den Zeiten der Meder und Chaldäer um »Syrien«
und seit dem Niedergang Polens und des Osmanenreiches um Osteuropa geschieht. Das europäische Gleichgewicht bis zum Ersten Weltkrieg, dies größte neuere und
durch Rankes unsterbliche Reflexionen auch geschichts-
philosophisch bedeutsamste Beispiel einer langfristigen
Ausbalancierung, verschied bekanntlich nicht wie einstmals das System der Diadochenreiche oder der italieni-
schen Renaissancestaaten an einem überlegenen äußeren Eingriff, sondern an den Schüssen von Sarajewo: am

Machtwirbel um den schwächsten Punkt. Zu Beginn des Zweiten Weltkrieges war es mutatis mutandis noch einmal so; das alles ist sattsam bekannt.

Blickt man zurück, so bemerkt man, daß es in Osteuropa schon immer so war. Dabei meint »immer« natürlich nur: solange es die Schütterzone als eine solche überhaupt gibt. Und das ist der Fall zum mindesten seit dem Großen Nordischen Krieg, der die Zerrüttung seines riesigen Schauplatzes zwar entscheidend förderte, aber auch schon zur Voraussetzung hatte. Bezeichnend ist das *zentripetale* Gesamtbild dieses Krieges, das Eindringen fremder Mächte von allen Seiten: Es ist die Schwäche, die sich so verrät. Polen hatte den Krieg durch den Angriff auf Riga begonnen. Aber gleich darauf sank es zurück und war fortan nur noch die Walstatt, auf der Schweden, Russen, Kosaken und Türken mit wechselndem Glücke stritten. Als Karl XII. von Schweden in der Sloboda östlich des Dnjepr stand, schien ein schwedisch-polnisch-kosakisches Osteuropasystem mit natürlicher Doppelfront gegen Rußland und Deutschland unmittelbar vor dem Abschluß. Peter der Große zerschlug das Projekt durch seinen Sieg bei Poltawa. Der Sultan kam mit seinem Kriegseintritt gegen Rußland zu spät, um an dieser Hauptentscheidung noch etwas zu ändern, zumal Preußen schließlich umgekehrt eingriff und Schwedens Niederlage besiegelte. Aber alle Beteiligten wußten fortan, wie einheitlich der Raum zwischen Ostsee und Schwarzem Meer »reagiert«, wie sehr seine Schwäche auf fremde Mächte als Sog wirkt und welche bedenklichen Folgen das für die Anrainer nach sich zieht.

Schweden nahm, aus eigener Kraft wenigstens, seine alten Projekte nie wieder auf. Aber es kam nun die Zeit der »Fragen«, der Polnischen und der Orientalischen nebst dem Bündel von Ablegern, das die letztere in der Folgezeit aus sich entlassen sollte. Zunächst gab es noch ein dramatisches Zwischenspiel – alles trat in den Hintergrund vor dem Preußen Friedrichs des Großen und dem darum entstandenen Lärm, dem für Rußland und Frankreich gleich widersinnigen Bündnis mit Österreich und Schweden, die allein gegen Preußen realpolitische Gründe hatten ... Als das vorbei war, stand das Projekt eines schwedisch-polnisch-türkischen Osteuropasystems zur allgemeinen Überraschung neu auf der Tagesordnung. Nur ging die Initiative jetzt von Großbritannien aus: Eine weitere, stärkere Kraft war zu den verschlissenen in den Sog der Schwäche geraten! Gar zu gern hätte der jüngere Pitt sein klassisches Instrument, die Tripelallianz mit Preußen und Holland, in den Dienst dieser Sache gestellt. Preußen jedoch blieb schwankend, entzog sich schließlich. Und obwohl seine Entscheidungsscheu in jener matten Zeit, nach dem Tode Friedrichs des Großen, allgemein ans Krankhafte grenzte, hatte es mit dieser Haltung diesmal außerdem recht. Großbritanniens Absicht ging dahin, das altersschwache Polen durch eine feste politische Brücke mit Schweden und dem Osmanenreich in derselben Weise zu halten, wie es der Zahnarzt mit einem künstlichen Zahn zwischen zwei gesunden tut. Diese Konstruktion sollte dann tunlichst noch zu der britisch-holländisch-preußischen Tripelallianz in ein festes Verhältnis gebracht werden. Dann hätte es in der Tat möglich sein müssen, zugleich das in Osteuropa unruhig aktive Rußland und das einer Krise sondergleichen zutreibende Frankreich erfolgreich in ihre Schranken zu weisen. Nur war Preußen in diesem Bündnisprojekt die einzige kontinentale Großmacht und damit der nach Last und Risiko weitaus exponierteste Partner, es hätte ohne rechten Gewinn die Dauerfeindschaft mit Rußland in Kauf nehmen müssen. Nein, diesmal ausnahmsweise war die Entscheidungsscheu wohlbegründet.

Die Dinge kamen dann trotzdem in Fluß. Als der Sultan im Sommer 1787 mit verzweifeltem Mut gegen Rußland losschlug, während Gustav III. von Schweden, ein Neffe Friedrichs des Großen, im Norden bei demselben Unterfangen fast Petersburg überrumpelt hätte, stand alles noch einmal auf des Messers Schneide. Freilich wäre Osteuropa, wenn der bei Poltawa gescheiterte Plan nun doch Erfolg gehabt hätte, einer diesem Raume noch fremderen Macht als seinerzeit ausgeliefert worden. Denn daß Schweden und das Osmanenreich den großpolnischen Besitzstand ohne britische Hilfe gegen Rußland und etwa noch die deutschen Großmächte nicht behaupten könnten, war aller Welt klar. Katharinas Expansionspolitik, so oft als bloße Marotte und Ausweitungsgier verschrien, wirkt angesichts dieser drohenden Möglichkeit nur vernünftig. Sie wirkt genauso vernünftig wie das sinnverwandte deutsche Verhalten, das Zögern Preußens und gar das Eingreifen Österreichs zugunsten der in Bedrängnis geratenen Russen.

Deutschland mußte nun einmal wie Rußland darauf bedacht sein, das Pulverfaß dicht vor der Tür keinem Dritten, noch dazu einem so mächtigen, zu überlassen. Ja eigentlich mußte Deutschland hierauf sogar in beson-

c

derem Maße bedacht sein. Wäre nämlich das schwedisch-polnisch-türkische Osteuropasystem schließlich mit britischer Hilfe doch noch zustande gekommen, so hätte das Rußland allerdings in seinem Drang nach Süden und Westen, also an neuen *Erwerbungen*, überlegen gehindert. Deutschland mußte Schlimmeres fürchten: Es wäre umzingelt gewesen! Über die britischen Mittelmeerstützpunkte hätte der Schwerpunkt im Westen mit dem Osmanenreich in direkter Verbindung gestanden, und von hier über Polen nach Schweden war dann Deutschlands gesamte, so leicht verletzliche Ostflanke *einheitlich umfaßt*. Gewiß hatte Großbritannien derartiges nicht im Sinne. Es hatte überhaupt gerade damals gegen Deutschland nichts Böses im Sinne, war mit Frankreich und Rußland hinreichend beschäftigt. Und auch Deutschland anderseits fürchtete nicht, was nicht da war; es hätte die russische Initiative sonst zweifellos noch entschiedener unterstützt. Immerhin hatten Preußen und Österreich, hatte jede deutsche Großmacht auf ihre Weise mit der Umzingelung Mitteleuropas bereits einwandfreie Erfahrungen. Tief in die Nationalerinnerung eingegangen war Franz I. von Frankreich mit seinem berühmt-berüchtigten Türkenbündnis und vollends Richelieu mit seiner Aktivierung der schwedisch-französischen Nachbarsnachbarschaft gegen Deutschland. Auch die unentwegten Versuche der Häuser Valois und Bourbon, Polen dynastisch-verwandtschaftlich in dieselbe Politik einzubeziehen, waren nicht vergessen. Hier überall war nun freilich, erstens, immer Frankreich statt wie jetzt England als der westliche Hauptakteur aufgetreten; und immer nur Teilstücke des Osteuropasystems waren, zweitens, anstelle des nunmehrigen Ganzen nachbars-nachbarschaftlich bemüht. Doch machte dies den neue-sten Fall nur noch ernster, während jenes sein Schema nicht änderte. So wäre es nicht erstaunlich gewesen, wenn man in Wien und Berlin Gespenster gesehen hätte. *In Petersburg sah man sie.* Hier nannte man mit zorniger Offenheit Großbritannien und Pitt als die wirklichen Ur-heber des von Türken und Schweden begonnenen Krie-ges, was den wahren Sachverhalt bei aller Überspitztheit keineswegs ganz verfehlte.

Es dauerte immerhin einige Jahre, bis die unnachahm-liche russische Mischung diplomatischer und strategi-scher Kniffe über das Eingreifen Österreichs und das Ausscheiden Schwedens die Wende zuwege gebracht hatte. Alle Welt war sich über das, was nun kommen wür-de, im klaren. Daß Rußland von der in seinem Sinne be-handelten orientalischen Frage sogleich auf die polnische kommen werde, konnte auch dem Westen nicht zweifel-haft sein; eben nur diesen Endeffekt hatte London mit seiner Politik ja verhindern wollen. Und nun also war es doch soweit. Die eigentliche Aufteilung Polens, die 1793 begann und zwei Jahre später vollendet wurde, stand zum Sieg über die Türken in einem engen Folgeverhält-nis, und zwar nicht nur weil der Küstenstrich zwischen Bug und Dnjestr durch den Übergang in russische Hand Polens Verteidigungsmöglichkeit wesentlich schwächte: weil Rußland nun also leichter, noch leichter als ohnehin, angreifen *konnte.* Vielmehr fühlte sich Rußland zu dem längst erwogenen Unternehmen nun auch stärker als vorher *genötigt:* An dem überhasteten Vorgehen war ne-ben allem anderen auch etwas von einer Schockreaktion.

Daß das auf dem Schlachtfeld von Poltawa begrabene Osteuropaprojekt so plötzlich aufzuerstehen vermocht hatte, und nun mit einer Rückendeckung aus unangreifbaren Fernen, bedeutete eine erschreckende, durch den mühsamen Sieg nicht ausgeglichene Überraschung. Rußland reagierte spontan: Es stieß jählings nach Polen vor, annektierte die Schütterzone mit Haut und Haar, um den gefährlichen Sog ein für allemal zu verhindern! Hier lag im Dickicht der Intrigen und Brutalitäten das *sittliche* Motiv der Aufteilung – vorausgesetzt natürlich, daß man das Selbsterhaltungsprinzip überhaupt sittlich gutheißt, aber unabhängig davon, ob man auch seine präventive Anwendung billigt: Rußland hatte von den »Wirren« über die Nordischen Kriege bis zu der jüngsten britisch-schwedisch-türkischen Intervention seine bösen Erfahrungen bereits *gemacht.*

So gab es plötzlich kein Halten mehr. Nicht einmal der polnische Kernraum zwischen Posen, Grodno und Krakau, der litauische um Wilna und Schaulen blieben verschont. Man ging in jeder Hinsicht zu weit, nicht nur in den Methoden. Preußen hatte bereits in der ersten Teilung, vor zwanzig Jahren, mit Westpreußen und dem Netzedistrikt praktisch alles bekommen, was es als Vollstrecker gemeindeutscher Interessen von Polen füglich beanspruchen durfte. Rußland erreichte immerhin in der zweiten Teilung einen ähnlichen Sättigungsgrad. Und Österreich vollends hatte von seiner natürlichen Raumstruktur her in Polen ohnehin nichts zu suchen; es war schon bei der ersten Teilung zu weit gegangen. Nach Einziehung alles dessen, was Polen vom neuzeitlich nationalstaatlichen Gesichtspunkt her Rußland und

Deutschland schuldete, wäre mithin ein selbst national-staatlich reorganisierter, zugleich schmalerer und modernerer polnisch-litauischer Rumpfstaat noch immer möglich gewesen. Er hätte sogar sehr viel lebensfähiger als das bankrotte Großreich sein können. Katharina wollte jedoch gerade das nicht. Auch in Preußen und verhaltener sogar in Österreich war man dagegen; und hier – hier erst – begann die Schuld. Jedoch: *Selbst in Polen war man dagegen.* Man war im Sejm, als das Schicksal des Reststaates auf dem Spiele stand, nicht mehr unbedingt gegen Reformen, nicht mehr gegen die allernötigsten, längst überfälligen Korrekturen des unbeschreiblichen Zustandes. Die Idee des Großreiches zwischen den Meeren aber blieb weiter das Ideal. Sie blieb es im Grunde bis heute, man denke an Piłsudskis Vorstoß bis Kiew und Hallers Annexion der Westukrainischen Volksrepublik nach dem Ersten Weltkrieg oder in unseren Tagen an die bezüglich der Ost- und Westgrenzen gleich unnachgiebige Haltung der polnischen Emigranten ... Eine nach neuzeitlichen Begriffen politisch nicht ausgereifte Nation mit einer Volksraum und Formkraft dämonisch oder grotesk übersteigenden Herrschaftsidee – das war keine Alternative, am wenigsten innerhalb eines nun schon notorischen Krisenherdes! So handelte Rußland nach der zweiten Teilung, einem seinerseits noch gerechten Erwerb, *faktisch im Zwang.* Katharina und ihr Hof empfanden das zwar durchaus nicht so. Doch hätte auch eine sittlich gewissenhaftere russische Staatsführung bei objektiver Berücksichtigung aller Umstände, darunter auch der das eigene Staatswohl betreffenden, kaum anders zu handeln vermocht. Polen war nun einmal in einem Zustand, der halbwegs normale Lösungen ausschloß.

Aber Preußen jedenfalls, so hört man neuerdings oft, hätte sich von den Teilungen fernhalten sollen, und zwar aus rein realpolitischen Gründen, von der moralischen Seite des Falles einmal ganz abgesehen. Wie Laeuen es formulierte, habe Polen, solange es als Staat bestand, Preußen aus unmittelbaren Großmachtskonflikten im Osten herausgehalten. Die Zweifrontenkriege, an denen das preußisch erneuerte Deutschland 1918 und nochmals 1945 zusammenbrach, erscheinen hier als die logischen Schlußpunkte einer Kausalkette, die geradewegs auf die erste Teilung als die, wie man es dann ansehen muß, folgenschwerste Handlung der preußischen Geschichte zurückgeht. Aber im Zweifrontenkrieg zwischen Schweden und Frankreich hatte Brandenburg schon ein reichliches Jahrhundert vor der ersten Teilung gestanden, gerade hier lag der mächtige Anreiz zur Staatwerdung unter dem Großen Kurfürsten. Als dann wirklich das hinter Polen gelegene Rußland an Stelle Schwedens die osteuropäische Vormacht darstellte, war für Preußen in der entscheidenden Hinsicht nichts anders, nichts jedenfalls besser geworden. Die schmerzlichste Lehre erteilte der Siebenjährige Krieg. Hier war Preußen durch das noch bestehende Polen aus unmittelbaren Großmachtskonflikten im Osten bekanntlich *nicht* herausgehalten worden! Aber auch der Große Nordische Krieg hatte gegen sein Ende hin diese schmerzliche Lehre schon anklingen lassen. Polen war eben selbst für die unscheinbare Funktion eines Pufferstaates seit langem zu schwach. Dann bot allein schon die relativ schmale westpolnische

Randzone, die Preußen auf Grund der Teilungen in eigene Regie nehmen konnte, einen immerhin solideren Schutz.

Vor allem aber darf man in diesem Zusammenhang doch auch nicht ignorieren, daß sich das preußisch-russische Verhältnis gerade in jener Zeit ungewöhnlich verbesserte. Die Polnischen Teilungen bildeten in gewisser Hinsicht bereits die Folge, mehr aber noch den Grund dieser Wandlung. Die Wahrscheinlichkeit eines Großmachtkonfliktes im Osten war für Preußen fortan *politisch*, unabhängig von der strategischen Lage, außerordentlich klein. Sie war jetzt, wie man sich vor Augen halte, *kleiner denn je zuvor*. In Preußens gesamter bisheriger Geschichte, vom Dreißigjährigen Krieg über die Nordischen bis zum Siebenjährigen, hatte der Großmachtkonflikt im Osten oder Nordosten ja mit wechselndem Schwerpunkt dauernd gedroht und sich immer wieder entzündet. Jetzt endlich war hier Ruhe, jetzt endlich herrschte in Osteuropa, wenn auch durch arge Mängel vornehmlich um Polen entstellt, friedliche Zusammenarbeit. Das napoleonische Unwetter schlug hart dazwischen, zerschlug die kaum gegründete Ordnung. Als es sich nach den Hundert Tagen jedoch endgültig verzog, tauchten die Umrisse des neuen Zustandes beruhigter, fast schon abgeklärt, wieder auf, wie wenn sie zwei Jahrzehnte organischen Formwandels statt einer Weltkatastrophe durchgemacht hätten. Vor allem zeigte Polens Stellung in dem kontinentalen System nun schon Ansätze einer echten Normalisierung. Den äußersten Tiefstand, das Äußerste an nationaler Erniedrigung und politischer Auflösung hatte man überwunden. Das »Kongreßpolen«

Alexanders I. war ein selbständiges Königreich mit einer der großen Vergangenheit würdigen, erstaunlich freiheitlichen Verfassung. Was wäre aus Europa geworden, wenn Österreich und Preußen dem langsam sich selbst wiederfindenden Polen zuliebe auf Galizien und Posen verzichtet hätten? Sie hätten Polen den Zwang zur nationalistischen Überhitzung erspart, zugleich seine Position gegenüber Rußland entscheidend gestärkt und es ihm also erleichtert, sich dem System der dynamischen Kontinentalmächte als statische Ergänzung, gleichsam als ruhende Mitte der Drehscheibe, konstruktiv einzuordnen. Hier lag auch weiterhin, trotz aller Schönheitsfehler, das Wesensziel der Entwicklung. Erst die Sturheit der nikolaitischen Reaktion im Verein mit der polnischen Ungeduld versetzten dieser Möglichkeit 1830/31 den Todesstoß. Vermutlich war dies, die unglückliche Erhebung zusammen mit den Konsequenzen, die Nikolaus I. nur allzu gern daraus zog, die folgenschwerste Handlung in der Geschichte Osteuropas zwischen der Schlacht von Poltawa und den Schüssen von Sarajewo. Denn nun kehrte Polen sich innerlich ab, nun kam das kontinentale System gerade an der empfindlichen Nahtstelle zu keiner echten Konsolidierung.

Trotzdem und trotz mancher anderen ernsten Belastung hielt das System fast das ganze Jahrhundert hindurch. Und nicht nur Deutschland und Rußland speziell, sondern Europa überhaupt, ja in gewisser Hinsicht die ganze Welt hatte von dieser Eintracht Gewinn. Indem sich die verbündeten Monarchien auf eine Ordnung geeinigt hatten, die zwischen Rhein und Amur nirgends mehr eine Lücke ließ, wo der liberale Westen sein Brechwerkzeug hätte ansetzen können, wuchs von dem kontinentalen Schwerpunkt her der Welt eine Stabilität zu, die letzten Endes jedem, auch dem Westen, auch dem die Meere beherrschenden Großbritannien zugute kam, wie umgekehrt das Altern des großen Jahrhunderts, das Erlöschen der von Europa beleuchteten Weltzeit mit dem Aufhören jener großen Einigkeit streng zusammenfiel.

V.

Man kann es trotz allem verwunderlich finden, daß die Nachbarsnachbarschaft, ein dürrer Situationsmechanismus, immer wieder stärker war als das Blut und der Geist, stärker als das Deutschland ausschließende Slawentum der Polen und Russen und das Rußland ausschließende Westeuropäertum der Polen und Deutschen. Die Frage der deutsch-russischen Beziehungen ist jedoch zu wichtig und heikel, als daß wir es uns leisten können, sie Plakatbegriffen zuliebe in Scheinprobleme verstricken zu lassen. Ausdrücke wie »Slawentum« und »Westeuropäertum« sind, wenn man schärfer hinsieht, schillernd vieldeutig, wir müssen zunächst definieren, wovon wir eigentlich reden. Meinen wir mit »Slawentum« neben der Sprache auch das Blut, die stammesmäßige Abkunft, und mit »Westeuropäertum« neben der geistigen Abkunft auch die geistige Gegenwart, das heutige kulturelle Sein, so wurde im Anfangssatz mit beiden Ausdrücken bereits fehlerhaft operiert.

Wandert man mit »Slawentum« aus dem sprachwissenschaftlichen in den völkerkundlichen Rahmen, so ist die Zusammenfassung der slawischen Polen und Russen gegenüber den nicht slawischen, sondern germanischen Deutschen *gleich nach zwei Seiten hin falsch*. Erstens sind die Deutschen unter dem neuen Aspekt bekanntlich ja selbst ein germanisch-slawisches Mischvolk, und zwar zunehmend ausgeprägt nach Osten, nach den neuzeitlichen Schwerpunkten Österreich und Preußen hin. Solch ein germanisch-slawisches Mischvolk sind aber, zweitens, auch die Russen! Die slawische Sprache entstellt den wahren Sachverhalt hier nach der einen Seite ähnlich gründlich wie die germanische dort nach der anderen. Im Deutschtum überwiegt allerdings der germanische Anteil und im Russentum der slawische. Doch dürften sich die ursprünglichen Mischungsverhältnisse längst nicht so kraß unterschieden haben, wie es der Sprachgegensatz suggeriert. Die Normannen oder »Rus«, von denen das russische Volk seinen Namen hat, waren auch quantitativ eine *starke* Minderheit. Das beweist übereinstimmend alles, was wir über sie wissen: die Anzahl und Stattlichkeit ihrer Siedlungen, die Sicherheit ihrer Operationen weit entfernt von den Stützpunkten an den Strömen, die mühelose Aufrechterhaltung der Herrschaft bei gleichzeitigen äußeren, etwa gegen Byzanz gerichteten Unternehmungen. Zudem hatten die ostslawischen Stämme, die mit dem germanischen Element schließlich zum russischen Volke verschmolzen, das Land in jener Zeit ja noch keineswegs voll und gar dicht besiedelt. Der Vorstoß von den Flußläufen in die Urwälder hatte überall erst begonnen. Der normannische Zuzug, an sich schon nicht unbeträchtlich, war also vor allem *relativ* stark. Wir brauchen uns an einer Schätzung des Mischungsverhältnisses nicht zu versuchen. Auf jeden Fall zeigt der völkerkundliche Sachverhalt, dem täuschenden sprachlichen Anschein entgegen, nicht Russen und Polen als Slawen, *sondern Russen und Deutsche als Mischvölker* miteinander verbunden! Wer hier eine Ausnahmestellung einnimmt, ist nicht der Deutsche als Germane, sondern der Pole als Slawe und überhaupt als reiner Typus jenen gemischten gegenüber. Dasselbe gilt cum grano salis für sämtliche Völker der

Schütterzone, die slawischen wie die ugrofinnischen: für das gesamte zwischen Deutschland und Rußland von der Ostsee zum Schwarzen Meer und zum Balkan sich erstreckende Völkerband. Hier fehlt die germanische Überschichtung. Hier bildet folglich bei aller bunten Verschiedenheit von Stammesart, Sprache und Sitte, staatlichem und geistigem Schicksal jedenfalls *dies Fehlen* jenen zwei großen Überschichtungsvölkern in West und Ost gegenüber einen gemeinsamen Wesenszug.

Die innere Problematik des westslawisch-ugrofinnischen Völkerbandes, sein sprichwörtlicher Charakter als Schütterzone, Pulverfaß, Teufelsgürtel hängt mit diesem völkerkundlichen Grundsachverhalt eng zusammen. Jeder unvermischte Volkstypus, jede »reine Rasse« ist eo ipso ein aristokratisches Phänomen. Und noch in keiner Aristokratie stand Ordnung sonderlich hoch im Kurs. Freiheit gilt mehr, selbst auf Kosten des Staates. Was das für Folgen haben kann, zeigt in dramatischer Weise die polnische Staatsgeschichte. Sie ist damit offenbar nur für das allgemeine politische Schicksal des Völkerbandes repräsentativ. Neben dem großpolnischen Adelsreich stand ja ursprünglich noch im Nordosten das großlitauische, das schließlich in jenem aufgehen sollte, während sich im Süden das ungarische und das osmanische anschlossen. Alle diese politischen Schöpfungen hielten den harten Anforderungen der Neuzeit nicht stand. Sie waren weniger unfähig als überhaupt *unwillig*, sich auf die veränderte Lage hinreichend gründlich umzustellen. Denn eine weitere Gemeinsamkeit aller aristokratischen Herrschaftsgebilde ist ja ihr Konservativismus. Die staatliche Behauptung bedeutet hier nie in dem Sinne alles, daß jede Wandlung, wenn sie nur diesem Zwecke dient, schon als Mittel recht sei. Vielmehr hat die echte Aristokratie, eben weil sie es anders bereits nicht mehr wäre, jeweils ein konkretes Menschen- und eo ipso Gesellschaftsideal, dessen Aufrechterhaltung den Sinn des politischen Formenwandels begrenzt. Daß der Welttag Polens und überhaupt die innere Lebenszeit der osteuropäischen Adelsreiche in der Neuzeit so drastisch endete, stellt mithin nur die tragische Kehrseite eines hohen Vorzuges dar: Es war der reine Typus, der hier überall lieber scheiterte, als durch unabsehbare Kompromisse mit einer elenden Wirklichkeit sich selbst zu verraten. Und anders als bei Litauern, Ungarn und Türken war es in Polens Falle der reine *slawische* Typus, der sich so verhielt! Wenn von den osteuropäischen Adelsreichen das polnische schließlich am krassesten scheiterte, obwohl man dem Polentum nach seinen Leistungen in der Jagiellonenzeit die politische Begabung an sich nicht absprechen kann, so ist dies mutmaßlich des Rätsels Lösung: Was hier reiner als irgendwo sonst in Erscheinung trat, war die slawische Seele mit ihrem Zuge zu einer Freiheit, die stets auch äußerlich, als Wildheit, Disziplinlosigkeit sich bestätigen muß.

Dringt man über Polen hinaus tiefer in den slawischen Osten vor, so wird er zwar immer östlicher, aber deshalb nicht auch immer slawischer. Vielmehr stößt man dann bald wieder auf Verhältnisse, die unter einem barbarisch fremdartigen, fast schon asiatischen Kolorit zutiefst doch an Preußen erinnern: Hier wie dort ist das Individuum durch den Staat, die Freiheit durch Ordnung begrenzt. In Rußland, speziell in dem neuzeitlich-moskowitischen, trifft man wie in Deutschland, wie wieder speziell in den neuzeitlich-deutschen Kernlandschaften um Wien, Meißen und Berlin, einen Volkstypus an, der Vitalität *und* Disziplin aufweist! Das ist eine nicht alltägliche, eine zutiefst nicht ganz widerspruchsfreie Verbindung. Das Natürliche ist das eine *ohne* das andere: Vitalität auf Kosten der Disziplin, wie beispielhaft in den Adelsnationen der Schütterzone, oder umgekehrt Disziplin bei fehlender Vitalität, wie in den über matten Fellachenvölkern errichteten Despotien. Beides ist natürlich, ist eindeutig als Symptom der Stärke oder der Schwäche. Dagegen deutet die Mischung des Widerstreitenden auch hinsichtlich der menschlichen Basis auf einen Mischtypus. Wo eine starke Vitalität vorhanden ist, jedoch von verschiedenen Quellen her, wo also die Instinkte einander an der reinen Entfaltung wechselseitig hindern, leidet nicht unbedingt die Vitalität, jedenfalls aber ihre Naivität, ihre ungebrochene Sicherheit. Und je stärker, je urtümlich gesünder jede der Komponenten, um so schroffer nun also – die Brechung. Dem Germanentum wie dem Slawentum eignet vitale Tüchtigkeit in wohl überdurchschnittlichem Maße; es ist kein Wunder, daß in der Mischung, im Deutschtum und Russentum, auch die Gebrochenheit das gewöhnliche Maß überschreitet.

Ähnlichkeit ist noch nicht Gleichheit. Ganz und gar fehlt dem Russentum jener keltische und romanische Einschlag, der das Deutschtum besonders im Westen und Süden auch biologisch mit Westeuropa so eng verbindet. Ganz und gar fehlt dem Deutschtum anderseits, selbst dem sonst schon so russisch wirkenden Preußentum, das tatarische und überhaupt asiatische Bluterbe, das im Russentum noch so deutlich nachwirkt. Am wenigsten differieren mag das beiderseitige Slawentum. Dagegen scheint der germanische Einschlag in gewisser Hinsicht mehr die Verschiedenheit der Entwicklungen als die Gemeinsamkeit unterstützt zu haben. In dem, was nachher Deutschland hieß, siedelten Sachsen und Franken, Schwaben und Bayern, aber keine Normannen. Dagegen ist die germanische Komponente im Russentum hauptsächlich eine normannische und auch sonst, was etwa die gotischen Reste im Süden angeht, eine ostgermanische. Charakteristisch für die Normannen ist nun aber überall etwas, was den westgermanischen Stämmen vollkommen fehlt: eine elementare Verbindung staats- und wirtschaftspolitischer Zielsetzungen. Schon der ursprüngliche Kiewer Staat war denn auch nach Entstehung und Anlage geradezu die Funktion des Handels. Moskowien brachte in der Tatarenzeit die staatliche Monopolwirtschaft bereits zu voller Ausbildung, und heute tut das sowjetische Rußland in modernerer Form dasselbe. Die bolschewistische Staatswirtschaft, vom »Germanen« Hitler als jüdisch-untermenschlich gekennzeichnet, ist in Wahrheit, gerade was ihre Basis im russischen Volkswesen anbetrifft, ein *germanischer*, nämlich normannischer Zug! Das macht sie deutscherseits indes keineswegs akzeptabler. Denn Germanentum hin oder her – jener normannische Staatshändlergeist war deutscher Art immer fremd. Die Ähnlichkeit der beiden Völker hat ihre Grenzen. Und von Gleichheit vollends kann nicht einmal annähernd die Rede sein. Aber davon *ist* ja auch nirgends die Rede. Zwischen dem Deutschen als einem römisch geprägten Germanen und dem Russen als einem byzantinisch geprägten Slawen scheint vielmehr nach der üblichen Auffassung radikale Verschiedenheit zu bestehen. Und das allerdings geht am wahren Sachverhalt denn doch noch weiter vorbei als die gegenteilige Ansicht.

Ein Mischtypus ist eo ipso *kein* aristokratisches Phänomen. Er ist es nicht im hohen, aber auch nicht im tragischen Sinne: Wo das Wesen selbst einen Kompromiß darstellt, da können Kompromisse auch in der Praxis nicht schwerfallen. So überwiegt im Deutschtum wie im Russentum der subalterne Gebrauchsmensch. Er ist für den Staat wie überhaupt jeden Apparat neuzeitlichen Stils das ideale »Rädchen«. Denn auch dieses muß, wie er es von Natur tut, Widerstreitendes in sich vereinigen: Es muß sozusagen zugleich Wachs und Stahl sein, fügsam im Prinzip und selbständig in der Leistung. Das erste fehlt exklusiveren Typen wie dem polnischen oder etwa dem spanischen. Das zweite fehlt, mit Ausnahmen wie in Japan, der gesamten exotischen Menschheit. Der Gebrauchsmensch deutschen wie russischen Schlages besitzt von seinem widerspruchsvoll-dynamischen Wesen her beides. Seine Substanz läßt sich ohne inneren Widerstand in die jeweils gewünschte Spezialform umgießen, um dann wieder gleichsam zu erstarren und an dem neuen Ort nun ebenso fest und präzise wie zuvor an dem alten, ganz anderen zu funktionieren. Nicht wie, sondern *daß* funktioniert wird, daß dem Staate gehorcht und gedient wird, ist hier letztlich entscheidend. Das grenzt bedenklich an Selbstverrat. Und die jahrhundertealte Kritik des Westens, ja der ganzen Welt an der preußischen oder moskowitischen Mischung von Untertanengeist und brutaler Kraft ist sicherlich nicht ganz im Unrecht. Ganz im Recht aber ist sie gleichfalls nicht. Sie war seit ihrem Aufkommen in der frühen Neuzeit nie ohne einen Anflug neidischen Unbehagens, also unausdrücklicher Anerkennung. Denn natürlich entspricht ein Typus, der nicht aus Schwäche, sondern aus Prinzip mit bewahrter vitaler Tüchtigkeit dient, den neuzeitlichen Bedingungen in besonderem Maße. Zudem stellt eine Untertänigkeit, die dies bewußt und mit Stolz ist, doch eben auch schon eine andere, sublimierte Weise von Stolz dar. In Deutschland hat die Bemühung um das Paradoxon des freien Dienens seit Luther und Friedrich dem Großen eine ganze Literaturgattung philosophischen Ranges hervorgebracht. Dem entsprach in der Praxis der preußische Leistungswille mit seinem Grund im Treueverhältnis dem König oder später abstrakter und blasser dem Staat gegenüber. In Rußland war auch nach dieser Seite hin alles zugleich größer und gröber. Auch hier aber führt eine Tradition von der im alten Moskowien so oft und kräftig erklärten Absicht, lieber vom Zaren als voneinander Unrecht zu leiden, zu der heutigen, keineswegs nur erzwungenen Unterwerfung des Sowjetmenschen unter Plansoll und Parteilinie. Was die Mischung von Vitalität und Disziplin hier wie dort erst so wirksam macht, ist ihre Unterlagerung durch eine analog abgewandelte, den neuzeitlichen Bedingungen also gleichfalls spezifisch entsprechende Sittlichkeit, wie man das sonst nur noch im Westen, im ethischen Kapitalismus der angelsächsischen Völker, antrifft.

Man hat die neuzeitlich deutsche Sonderentwicklung immer wieder zu eng und doch treffend auf Luther zurückgeführt. Der große Abfall von den rituellen und hierarchischen Formen, der Rückzug von diesen in eine musikalisch-irrationalistische Innenwelt hatte allerdings schon sehr viel früher, im 14. Jahrhundert, begonnen. Der Reformator war weniger Urheber als Vollender. Die Erneuerung, die über ihn zur Glaubensspaltung geführt hatte, hielt sich denn auch nie an die konfessionellen Grenzen. Sie ging mit nur habitueller Veränderung auch im katholisch gebliebenen oder wieder gewordenen deutschen Süden und Westen weiter. Ihre musikalische Anlage kam sogar erst hier, in der Wiener Klassik, zu ihrer äußersten Verwirklichung und Befreiung, während der westeuropäische Protestantismus, von Calvin machtvoll umgeprägt, an diesem Geschehen *nicht* teilnahm. Luther gehört der neuzeitlich-deutschen Sonderentwicklung mithin nicht als ihr Stifter an, wohl aber als ihr gewaltigster Ausdruck und in jener gemeindeutschen Qualität, die ihm neben der gemeinprotestantischen eignet. Mit seiner Lehre vom Christenmenschen, der zugleich ein Herr und ein Knecht aller Dinge, ein Freier und ein Untertan sei, verursachte er die neue Haltung nicht eigentlich. Aber er fand damit die entscheidende Formel. Er rechtfertigte den Deutschen ihre schon bewiesene Fähigkeit, den Anforderungen der bösen Welt, der Obrigkeit und der Hure Vernunft, als eben nur Weltlichem innerlich unversehrt zu gehorchen. Denn die Innerlichkeit war nun endgültig deutlich als Gegenwelt, als das Reich einer alle Formen und Zwänge von Raum und Logik zur Gnade, zur Unendlichkeit hin transzendierenden Freiheit.

Die Introversion, für den deutschen Typus längst schon charakteristisch, war damit religiös gerechtfertigt und vertieft. Der Deutsche war damit, umgekehrt gesehen, bis in den religiösen Existenzgrund hinab der Neuzeit hervorragend angepaßt: Er entsprach von innen jener Zersprengung, Spezialisierung des Weltverhältnisses, die nun von außen, vom Objektiven her unentrinnbar zu werden begann. Das Mittelalter hatte aus spätantiken Ansätzen Denken, Sein und Wert großartig zusammengebracht. Am Beginn der Neuzeit, durch Occamismus und Renaissance, war diese Einheit zersprengt worden – diese Zersprengung *war* der Beginn der Neuzeit. Eine Region wertindifferenter »Sachlichkeit« hatte sich damit aufgetan, und vom politischen wie vom technischen Apparat, vom Zentralstaat wie von der Maschine her hatte diese neue Notwendigkeit immer weitere Daseinsbereiche ihrem Gesetz unterworfen. Der mittelalterliche Mensch, angelegt auf die Daseinserfüllung in ungebrochener Wertordnung, konnte in dieser veränderten Lage nur entweder innerlich oder äußerlich scheitern: Er konnte nur entweder wie der klassische Renaissancemensch sittlich und damit sehr bald auch gesellschaftlich korrumpieren oder wie der polnische Schlachtschitz, der spanische Hidalgo das Festhalten an der alten, an sich überlegenen Form mit hoffnungslosem Rückständigwerden bezahlen. Der lutherische Mensch sah sich diesem Dilemma enthoben. Jede Tätigkeit war ihm »Beruf«: Auf keine war er für seine innere Lebenserfüllung *spezifisch* angewiesen. Er konnte mit der bösen Zeit Kompromisse schließen, konnte im Dienste weltlicher Obrigkeit oder profaner Wissenschaft sich sozusagen bis zur Unkenntlichkeit spezialisieren. *Seine* sittliche Form wurde durch die äußere Knechtsgestalt nicht berührt, er blieb ein Herr aller Dinge und niemandem untertan.

Rußland brachte einen Luther, einen Calvin, eine Reformation nicht hervor. Es hatte dergleichen nicht nötig. Da es den Weg ins Mittelalter nicht so entschieden wie Westeuropa gegangen war, konnte es nun auch die Umkehr zur Neuzeit in minder dramatischen Formen vollziehen. Vor allem hatte die Ostkirche keine Scholastik entwickelt. So mußte nun auch die moderne Lösung, die Ergänzung der neuzeitlich »sachlichen« Rationalität durch einen irrationalen Wertgrund, nicht erst mit westlicher, lutherischer Dynamik gegen einen alten, scholastischen Rationalismus erzwungen werden. Gleichwohl lief die Entwicklung mit ihrem sanfteren Strome hier in derselben Richtung wie dort. Die Reste antiken Ideen- und Formenkults wandelten ihren Sinn. Aus den Bildern verlor sich das Bildhafte, ja aus den Liedern der Text – es blieb das magische Flimmern von Gold und Kerzen, das heilige Gesumm selbstbedeutsam gewordener Melodien: *praktisches* Luthertum! Folgerichtigerweise ging unentwegt nebenher das Grollen gegen Rom, gegen seine Befleckung des Glaubens mit heidnischer Weisheit. Gewiß, so hatte man immer schon, so hatte man einst in Byzanz schon gegrollt. Doch klang jetzt ein neuer Unterton mit. Byzanz, das Zweite Rom, hatte ja mit den Lateinern paktiert und war deshalb, wie jedes Kind in Moskowien wußte, gleich dem Ersten geistlich entthront. Die uralte Romfeindschaft hatte sich damit in Rußland sogar dem Begriff und mehr noch dem Sinn nach entscheidend verschärft. Sie ging jetzt hier wie die neue, lutherische in Deutschland auf das ganze antike

Erbe, das ganze von ihm her hellenisch-rational entfaltete Mittelalter.

Man sieht, um das gemeinsame Westeuropäertum der Deutschen und Polen steht es nicht sehr viel besser als um das gemeinsame Slawentum der Polen und Russen. Wir reden hier ja von der Gegenwart. Denkt man an die Vergangenheit, an die geistige Abkunft, oder vielleicht auch an *jede* von dorther entwickelte heutige Kulturgestalt, selbst wenn sie nach antithetischer Wendung praktisch auf die Verneinung der geistigen Urform hinausläuft, dann ergibt sich natürlich ein anderes Bild, dann gehören Deutsche und Polen zusammen als Abkömmlinge derselben weströmischen Keimzelle. Meint man dagegen mit »Westeuropäertum« nur das *thetisch* entwickelte, der westeuropäischen Urform noch heute entsprechende kulturelle Sein, so läßt es sich nicht verkennen: *Nur dem Polen*, nicht mehr dem Deutschen, kann das Prädikat noch zuerkannt werden! Das Deutschtum hat sich von der Urform über Antithesen entfernt. Es hat sich der neuzeitlichen Revolution aller Lebensbereiche zuinnerst angeschlossen, sich ihr gemäß *selbst* bis in die religiöse Wurzel hinab revolutioniert – es steht heute wie das Russentum und auf andere Weise das Angloamerikanertum mitten in einem Experiment, dessen Resultat noch nicht absehbar ist ... Polen ging diesen Weg *nicht*. Seine gegenreformatorische Wendung, seine Übersteigerung in einen fanatisch nationalistischen Katholizismus bildete das geschichtliche Siegel auf dieser konservativen Entscheidung. Politisch war das, mit Verlaub zu sagen, ein Wahnsinn. In einem tieferen, ethischen Sinne war die Entscheidung gleichwohl berechtigt: Sie brachte

Polens Willen zum Festhalten an der ringsumher schon zerbrochenen und ins Treiben geratenen westeuropäischen Urform auf den geschichtlichen Hauptnenner.

Gut vom religiösen Innenbau her der Neuzeit angepaßt sind auch die Völker des kalvinischen Westens, vor allem die alten Seestaaten England und Holland nebst ihren zum Teil so bemerkenswerten Ablegern jenseits der Ozeane. Doch gehören Deutschland und Rußland auch daran gemessen noch in besonderer Weise zusammen. Denn nur bei ihnen, den beiden großen »Landstaaten« sozusagen, geht der Staat dem Gelde, der Dienst dem Erfolge voran. Rußland und Deutschland sind beide, was im Westen so oft verkannt wird, zwar ganz und gar keine konservativen, *aber durchaus autoritäre* Mächte! Revolution ist hier Staatssache – mindestens seit Peter dem Großen und Friedrich Wilhelm I. Und das alles zusammen bedeutet: Trotz manchem abgründig Trennenden von der römisch-keltischen oder byzantinisch-tatarischen Komponente her sind Deutschland und Rußland *verwandt*, und zwar für Völker und Mächte von solcher Größe ungewöhnlich nah und komplex dem Blute wie dem Geiste nach. Das Schicksal, über ein unaufhebbar gemeinsames geopolitisches Grundproblem gleich siamesischen Zwillingen aufeinander angewiesen zu sein, hat in diesem Fall keinen Stachel. Es wird von innen ergänzt. Erst von hier aus läßt sich verstehen, warum es, wie anfangs lediglich festgestellt wurde, um Deutschland und Rußland immer dann gut oder schlecht stand, wenn auch für ihre Beziehung dies oder jenes zutraf. Die Verschlechterung des Verhältnisses wird hier ja nicht erst wegen der äußeren, »siamesischen« Abhängigkeit Unglückliches *verursachen*.

Sie wird hier vielmehr immer auch schon die *Wirkung* eines ernstesten, inneren Unglücks sein: eines mindestens einseitigen, wahrscheinlich beiderseitigen Abirrens von den verwandten Grundhaltungen. Äußere und innere Krise besitzen hier mithin überhaupt eine fatal-automatische Neigung zum *gleichzeitigen* Ausbruch nebst allem, was daraus dann wieder an Potenzierung des Unheils fast zwangsläufig folgt ...

VI.

Der neuzeitlichen Affinität und damit der Abkehr von
»Rom«, vom Mittelalter als der aus dem spätantiken
Ansatz entwickelten europäischen Urform, entsprach
in Deutschland wie in Rußland eine drastische *räumliche* Abkehr, eine Schwerpunktverlagerung vom mittel-
meerisch-antikisch beschienenen Wien und Kiew in
den öden Norden, wo noch nichts ausgemacht, noch
alles möglich war: nach Berlin und Moskau. Natürlich
geschah das nicht dem Symbolwert zuliebe. Es gab in
beiden Fällen massiv realistische Gründe. In Rußland
wurde das Kiewer Reich nach langsamem inneren Niedergang schließlich durch die Mongolen zerstört, was
eine intensive Binnenwanderung hauptsächlich in die
Waldregion des Nordostens zur Folge hatte. In Deutschland nahm das Heilige Römische Reich ein letztlich
kaum weniger tragisches, nur minder dramatisches
Ende, und auch hier fiel das mit einer Schwächung des
Westens und Südens zusammen. Damit aber war mehr
vorentschieden als nur die *räumliche* Parallelentwick-
lung der Folgezeit. Nordostdeutschlands und Nord-
ostrußlands ebenso frühe wie gründliche Wendung zu
neuzeitlicher Machtverwaltung bedeutet ja, um es mit
Toynbees bekanntem Begriffspaar zu formulieren, die
gleichlautende »Antwort« auf eine gleichartige »Her-
ausforderung«, nämlich eben die Katastrophe der alten
Reiche. Obendrein waren in den neuen, nordöstlichen
Schwerpunkten, Räumen halbkolonialen Charakters,
die herkömmlichen Gesellschaftsstrukturen in einer
Weise gelockert, die neuzeitlich zentralistische Maßnah-

men aus korrespondierenden Gründen zugleich möglich und nötig machte. So kam hier eins zum anderen.

Im 15. Jahrhundert begannen die Ruriks in Moskowien und die Hohenzollern in Brandenburg die Macht auf neue Weise zu monopolisieren. Sie begannen dickfellig geldstolze Städte und einen unnütz schmarotzenden Adel gewaltsam niederzuringen. Das war, wie man nicht vergessen darf, *damals noch nicht lohnend.* Lohnend war das großpolnisch-aristokratische Gegensystem, das in den Tagen der ersten Zentralisatoren in Moskau und Berlin *ja gleichfalls eben erst anfing.* Als Burggraf Friedrich von Nürnberg in der Mark Brandenburg mühsam Fuß faßte, hatte der Deutsche Orden gerade bei Tannenberg gegen die jäh aufsteigende Jagiellonenmacht seine erste Niederlage erlitten. Weitere sollten folgen, und nicht besser stand es um die Ukraine. Und da die Ruriks in Moskau wie die Hohenzollern in Berlin bei allem erstaunlichen Weitblick, der sie fast durchgängig auszeichnete, immerhin keine Propheten waren, konnten sie gewiß nicht ermessen, in welchem erstaunlichen Umfang sich ihr so völlig anderes, unterlegenes Machtsystem viele Jahrhunderte später noch auszahlen werde. Sie prägten ihre Staaten nicht in dem neuzeitlichen Sinne, weil sie sich etwas Besonderes davon erhofften, *sondern weil es hier nicht anders ging,* weil aus den Mischvölkern in den halbkolonialen Räumen wohl eine Bojaren- und Raubritteranarchie, aber keine kollektive Vernunft sich zu bilden vermochte. So fristeten Brandenburg und Moskowien mit ihrer neuen, strengeren und dürftigeren Struktur jahrhundertelang im Schatten des gewaltigen Adelsreiches, gewissermaßen als Nachtgewächse der Weltgeschichte, eben nur mit Mühe ihr Dasein. Sie enthielten bereits die Keime zu dem, was man später mit Staunen und Schrecken als »preußisch« und »moskowitisch« bezeichnen sollte. Doch kamen sie damit noch nicht recht vom Fleck, der neuzeitliche Innenbau blieb unausnutzbar angesichts der noch nicht neuzeitlichen Umweltbedingungen.

Bevor das anders wurde, durchliefen beide Staaten noch einen äußersten Tiefstand. In Moskowien war das die etwa dreißigjährige Zeit der »Wirren« nach dem Ende des Hauses Rurik, in Brandenburg etwas später der Dreißigjährige Krieg. Anschließend aber, wieder also mit einem leichten zeitlichen Vorsprung für Rußland, begann unter dem ersten Romanow und dann dem Großen Kurfürsten jäh der Aufstieg. *Gleichzeitig*, nicht erst als Folge jener konträren Entwicklungen, begann Polens Abstieg und ebenso der des Osmanenreiches, begann das große Welken und Sterben der osteuropäischen Adelsreiche. Die Umstellung Osteuropas auf die neuzeitlichen Daseinsbedingungen brachte die längst schon demgemäß eingerichteten Staaten jenen anderen gegenüber plötzlich geradezu automatisch in Vorteil. Zugleich kam in den bis dahin triebhaft unbewußten Parallelismus der beiden Entwicklungen jetzt erst ein Funke von Reflexion, eine Ahnung der Schicksalsverflochtenheit. Das gab dem Prozeß eine neue, schärfere Konsequenz und zugleich freilich auch, wie allem rational verfügbar Gewordenen, eine neue Anfälligkeit. So sah das 18. Jahrhundert nicht nur auf beiden Seiten des versinkenden Adelsreiches die neuen Zentralstaaten sozusagen im Gleichschritt vorrükken, es sah vielmehr auch die ersten Krisen. Schon Peters Einbruch in Norddeutschland wurde preußischerseits kaum weniger übel vermerkt als allgemein in Europa, um ganz zu schweigen von der haßvollen Politik seiner Tochter Elisabeth gegen Friedrich. Aber das waren Extravaganzen, Wirbel im geschichtlichen Strom, die an seinem inneren Zuge nichts änderten. Auch Katharinas engherzige Eigensucht, Preußens Kleinmut nach Friedrichs Tode und dann das Ungeheuerliche, das von Frankreich her über den Erdteil kam – alles zusammen konnte, wie freilich erst nachträglich klar wurde, die Entwicklung nicht unterbrechen, ihr nur zur Krise verhelfen. Nach dem Ende Napoleons war Osteuropa so konsolidiert wie nie seit den großen Tagen der Jagiellonenmacht, aber nun mit entgegengesetztem Vorzeichen.

Das Ergebnis war ein rundes Jahrhundert allgemeiner Stabilität. Und am Maßstab der raschlebigen Neuzeit gemessen ist das bereits viel, ist das eigentlich beispiellos viel. Man denke zum Vergleich an den Völkerbund und sein ebenso schnelles wie, wegen der Belastung mit den Pariser Vorstadtverträgen, verdient-unrühmliches Ende, oder auch schon an die Vereinten Nationen, die sich wenige Jahre nach ihrer Gründung, mit dem Ausbruch des Kalten Krieges, bereits endgültig als utopisch erwiesen. Nur die auf dem Westfälischen Frieden geschaffene Ordnung hält den Vergleich in rein zeitlicher Hinsicht aus. Sie aber hatte lediglich einen Zustand deutscher und europäischer Auflösung gutgeheißen, sie hatte Dauer mit Resignation erkauft. Ihre auf dem Wiener Kongreß gestiftete Nachfolgerin hingegen besaß neben einer in dieselbe Richtung weisenden Neigung deutlich auch eine entgegengesetzte, eine konstruktive Tendenz. Das zeigten schon äußerlich, auf der politischen Landkarte, nicht ganz phantasielose Novitäten wie Kongreßpolen, die »Verschiebung« Preußens nach Westen, der Deutsche Bund, die Vereinigten Niederlande. Wenn sich diese Veränderungen alles in allem dann doch in bescheidenen Grenzen hielten, wenn vor allem das unterlegene Frankreich fast ungeschmälert geblieben war, so ging auch dies nicht auf Mangel an Initiative zurück. Vielmehr waltete gerade auch hier wie überhaupt bei der Behutsamkeit, mit der man die Dinge anfaßte, ein im Unglück weise gewordener Tatsachensinn, der nicht sich selbst betrügen, nicht das eben beseitigte Chaos hintenherum wieder einführen mochte. Zum einzigen Mal in der neuzeitlichen Geschichte war die äußere, staatspolitische Neuordnung ja Ausdruck einer entsprechenden *inneren*. Vorher, im Westfälischen Frieden, war einfach Unordnung akzeptiert worden. Nachher, im Völkerbund und den Vereinten Nationen, wurde nach den famosen Rezepten der Wilson und Roosevelt Unordnung Ordnung genannt, aber nicht in Ordnung verwandelt. Die Heilige Allianz vom September 1815 jedoch, die den auf dem Wiener Kongreß geschaffenen Zustand sittlich fundieren sollte, war *wirklich* da! Sie war, um das heute nicht ganz Unmißverständliche ausdrücklich festzustellen, wirklich da als sittliche Tatsache, als ehrliche, praktisch bekräftigte Einigkeit der siegreichen Monarchien von Petersburg, Wien und Berlin, nicht nur im heutigen Stil als allgemeine Selbsttäuschung auf Konferenzen des Lächelns.

Allerdings wuchs das sittliche Fundament der Heiligen Allianz nicht mit ihrer Beanspruchung. Es wuchs überhaupt nicht, blieb auf wenige deutsche und russische Willenszentren und auch hier noch auf eine einzige Generation, eine einzige Haltung begrenzt und konnte mithin nur schrumpfen. Schon die am 20. November, dem Tage des Zweiten Pariser Friedens, ausgefertigte Zusatzvereinbarung, der außer Rußland, Österreich und Preußen auch noch Großbritannien beitrat, dehnte die Allianz nur in staatsrechtlicher Beziehung aus. Und je mehr diese Ausdehnung in der Folgezeit unter Metternichs Regie weiterging, um so größer wurde das Mißverhältnis, um so bedenklicher wurde die sittliche Grundlage überfordert und formalisiert. Als Frankreich im Herbst 1818 auf dem Aachener Kongreß seine Aufnahme in die Allianz erreichte, wurde sie endgültig uneffektiv, ein Bündnis aller gegen keinen; ebendeshalb hatte der Herzog von Richelieu erklärtermaßen die Aufnahme auch nur betrieben. Die Angst vor der Revolution hielt die Sieger zwar weiter zusammen. Aber Angst ist ein schlechter sittlicher Grund – das Fluidum war unrettbar im Schwinden. Zu allem Unglück starb bald darauf, im Spätherbst 1825, Zar Alexander: viel zu früh für das Werk, dessen Seele er gewesen war. Bereits im Juli 1830 tat Frankreich dann den zweiten, entscheidenden Schritt: Es verließ die entleerte Form offiziell. Dasselbe taten zwei Monate später die wieder zerbrechenden Niederlande, dasselbe tat nun der ganze um Palmerston und Louis Philippe neu zu sich kommende »Westen«. Für das Europa östlich des Rheins jedoch hatte sich die Allianz inzwischen, unter den Händen von Metternich und Zar Nikolaus, endgültig aus einer hohen Empfindung in ein freudloses Prinzip verwandelt. Und auch dessen Tage waren gezählt: Je mehr es sich gegen die Anzeichen des Maschinen- und Massenzeitalters sperrte, um so spröder, brüchiger wurde es.

Was trotzdem fortbestand, ja was nach dem Ende der Reaktionszeit nur einen plötzlichen neuen Aufschwung nahm, war jene *wahre*, viel ältere Allianz, ohne die sich die Heilige vom September 1815 niemals konkretisiert hätte: die preußisch-russische Freundschaft.

Diese Freundschaft war, wie wir anfangs bereits hervorhoben, kaum je ein eigentliches Bündnis und schon gar nicht ein militärisch-offensiv gegen irgend jemand gerichtetes. Rußland und Preußen oder dann Deutschland führten bekanntlich nach 1815 *nie wieder als Verbündete einen Krieg.* Preußen verbaute sich durch die russische Freundschaft, gerade auch solange dieselbe noch wirklich intakt war, nicht irgendeine andere gute Beziehung, nicht einmal die unter jenem Aspekt so heikle zu Großbritannien. Bündnisse binden. Die preußisch- oder deutsch-russische Freundschaft dagegen schuf Freiheit, und zwar in gleichem Maße für beide Teile. Sie gab dem nach sämtlichen Himmelsrichtungen offenen, allseits engagierten und allseits verwundbaren Rußland den Vorteil der ruhigen Grenze an lebenswichtiger, sonst gefährlichster Stelle. Und sie gab Deutschland die Möglichkeit, seiner uralten westöstlichen Doppelfunktion unter den neuzeitlichen, also erschwerten Bedingungen auf eine gleichwohl fast ideale Weise gerecht zu werden. Seit dem frühen Mittelalter, seit einesteils deutsche Könige römische Kaiser wurden und andernteils an Awaren- und Wendengrenzen die deutschen Marken wuchsen, *besitzt Deutschland zwei Gesichter.* Es blickt wie mit einem Januskopf zugleich nach Westen und Osten, nach der streng geprägten Kulturlandschaft Westeuropas und den geschichtslosen Weiten Asiens. Später übernahm das Jagiellonenreich für mehrere Jahrhunderte diese zwiegesichtige Position oder doch bestimmte Momente derselben. Bei seinem Niedergang aber fiel alles mit voller Schwere auf Deutschland zurück. Und angesichts der neuzeitlichen Bedingungen, angesichts einer großstaatlich organisierten und technisch mobilisierten, jäh in Bewegung geratenen Welt war das Problem, dies wie jedes andere, neu gestellt. Von den beiden früheren Lösungen war die mittelalterlich-deutsche nun mindestens ebenso ungemäß wie die jagiellonische. Europa war aus dem Konzept gekommen. Erst die preußisch-russische Freundschaft wurde unter den neuen Bedingungen der alten Aufgabe wieder gerecht. Und wie vorher, als Polen zu rasch zerfiel und Deutschland in das ihm damit neu gestellte Problem allzu langsam hineinwuchs, letztlich ganz Europa die Folgen zu tragen gehabt hatte, so verhielt es sich nunmehr wieder, aber jetzt im gegenteiligen, glücklichen Sinne. Europa ist eine Halbinsel, auf drei Seiten von Meeren umspült: von der vierten, kontinentalen, von Osten, von Asien her drohte seit den Tagen der Hunnen und Awaren immer wieder die Urgefahr, die plötzliche Springflut unberechenbarer vitaler Kräfte und die ebenso plötzliche Hohlebbe, die trügerische Verlockung des scheinbar so leicht zu durchschreitenden Raumes. Von diesem Alp war Europa durch die preußisch-russische Freundschaft befreit. Gerade aus der gefährlichsten Richtung kam dem Erdteil nun der sicherste Halt.

Preußen verhielt sich fortan gegen Rußland *neutral*. Das sagt scheinbar so wenig, scheint mit der Rede von Freundschaft und auch nur guter Beziehung kaum noch vereinbar und sagt doch in Wahrheit so viel. »Neutral«

heißt ja nicht »indifferent«. Verhält man sich einem Staat gegenüber in des Wortes ursprünglichem und zugleich tiefem Sinn als ein Neutrum, als ein leibhaftiges Weder-Noch, geht man also weder mit ihm noch gegen ihn ein Bündnis ein, so billigt man sein Dasein schon; die Unterlassung ist schon eine Handlung. Geht man dauernd und prinzipiell kein Bündnis gegen ihn ein, wie immer die Gelegenheit sein mag, *so billigt man ihn prinzipiell!* Und das ist dann bereits viel, ist bereits voll und ganz Freundschaft und doch eben damit »nur« Neutralität. Denn selbst wenn man außer dem bloßen Dasein des Staates sogar seine Politik billigt, bedeutet das ja noch immer nicht, daß man dieselbe zur eigenen macht und entsprechend eingreift. Freundschaft ist noch nicht Bundesgenossenschaft. Befreundete Staaten *können* gegen dritte gemeinsam Vorgehen, denn dies stünde zu ihrer Freundschaft auf jeden Fall nicht im Widerspruch. Notwendig indessen ist von der Prämisse her nur, *daß sie nicht gegeneinander vorgehen*: daß eines dem anderen ein Neutrum ist!

Preußen war nach Rußland hin so ein Neutrum; auf nichts als dies lief die Freundschaft hinaus. Und es war dasselbe nach Westen, nach dem eigentlichen Europa hin; ihm als dem Lande der flämischen und holländischen Kolonisten, der Réfugiés und vertriebenen Salzburger, der flüchtigen Protestanten aus aller Herren Länder lag dies so nahe wie jenes. Die unglaubliche Stabilität des 19. Jahrhunderts, unglaublich im Verhältnis zum Anwachsen der Konfliktstoffe und zugleich der technischen Mittel, wird erst von hier aus begreiflich. Seit der Krise von 1830/31 mit den westeuropäischen

Revolutionen und der Erhebung in Polen war Europas Gesamtordnung neu zerronnen. Seitdem hing über dem Erdteil gleich einem zweischneidigen Damoklesschwert die Gefahr der russisch-legitimistischen oder westlich-revolutionären Intervention. Seitdem aber erwies sich auch Preußen als die entscheidende Friedensmacht. »Automatisch«, das heißt durch seine Lage, seine militärische Dauerbereitschaft und vornehmlich sein beiden sonst uneinigen Seiten gleich annehmbares Dasein, verhinderte es die Vereinigung der Konfliktzonen: die eigentliche Katastrophe. Der Krimkrieg hätte unter der Voraussetzung eines schlechteren preußisch-russischen Verhältnisses leicht zu einer nun wirklich gesamteuropäischen, nun nämlich auch von Großbritannien getragenen Wiederholung des Napoleonischen Rußlandfeldzuges führen können. Auch bei der Lokalisierung des Konfliktes von 1876/78 verhielt es sich letztlich ähnlich, um von den aus heutiger Sicht unscheinbarer wirkenden, seinerzeit aber gleichfalls hochgradig entzündlichen Krisen der Jahre 1848/49 und 1863 zu schweigen. Preußen stand nicht nur der räumlichen Lage, sondern auch dem sozialethischen Innenbau nach zwischen Westeuropa und Rußland ungefähr in der Mitte. So konnte es für die beiderseitigen Spannungen mehr als ein bloßer Widerstand sein: Es konnte sie *transformieren*. Es hinderte beide Teile daran, ihr Verhältnis ein rein antinomisches werden zu lassen. Das gab der gewaltig anschwellenden europäischen Energie einen gesunden Außendrall: für Rußland nach Asien, für den Westen über die Meere.

Es lag in der Natur der Sache, daß die größte Seemacht von der kontinentalen Beruhigung auch den größten

Nutzen zog. Eine kehrbildliche Ähnlichkeit zwischen Preußen und Großbritannien trat damit in Erscheinung. Europa ist, wie gesagt, eine Halbinsel: Neben den Problemen der kontinentalen Randzone stehen stets ebenso unumgänglich, wenn auch nicht immer ebenso kraß, die der maritimen! Und hier spielte England seit langem eine ähnliche Rolle wie Preußen dort. Beide übernahmen ihre diametralen Aufgaben ziemlich zur selben Zeit, am Ende des 17. Jahrhunderts, als protestantische, durch Geldwirtschaft oder Einheitsstaat gesellschaftlich revolutionierte Mächte von zwei altertümlich aristokratischen, gegenreformatorisch festgelegten: von Polen und Spanien. Dabei entspricht England ähnlich wie Deutschland seiner Doppelfunktion durch ein Janusgesicht, ja die Andeutung einer Binnengrenze zwischen dem konservativ-europäischen Osten, dem eigentlichen Merry Old England, und dem industrialisierten, traditionsarmen, stark keltisch untermischten Westen. Und wie Preußens kontinentaler Außenkontakt trug auch Englands maritimer zunächst unspezifische Züge, bis schließlich hier wie dort eine der beiden Europa entwachsenden Supermächte zum besonderen Partner wurde: Was für Preußen Rußland war, waren für England die Vereinigten Staaten. Oder vielmehr: Das *sind* für England die Vereinigten Staaten! Denn an diesem Punkt hört die Ähnlichkeit auf. Der Erste Weltkrieg, im Grunde ein Schicksalsschlag für ganz Europa, traf doch unmittelbar nur den kontinentalen Flügel. Er zerstörte die preußisch- beziehungsweise deutsch-russische Allianz nicht erst, sondern war aus ihrer Zerstörung erwachsen und besiegelte diese dann allerdings, er stieß beide Mächte in Katastrophen und heute noch nicht überwundene Fehlentwicklungen. Dagegen brachte er den maritimen Flügel auf eine noch nie dagewesene Höhe. Er führte die Vereinigten Staaten in einer Weise an England heran, wie das auf der anderen Seite, von Rußland auf Preußen zu, nur 1762, 1813 und seitdem nie wieder geschehen war.

Noch ein halbes Jahrhundert vor dem traurigen Jahre 1914 hätte niemand so etwas für möglich gehalten. Man erinnere sich: 1864 trat der Sezessionskrieg in Nordamerika in seine letzte, schrecklichste Phase. Großbritannien war zwar neutral geblieben, stand mit seinen Sympathien jedoch klar auf der Seite des Südens. Es teilte dessen Abneigung gegen das eigentliche, nordstaatliche Amerikanertum, gegen das aufdringliche Gemisch von Moral und Erwerbssinn aus ganzer Seele. Von Amerika her gesehen wiederum unterschied sich Großbritannien vom übrigen alten Erdteil noch keineswegs positiv. Es schien mit seiner Monarchie und überhaupt seinen altertümlichen Institutionen nicht schlechter oder besser als andere Monarchien wie etwa Rußland und Österreich, es schien wie diese europäisch im unsympathischen Sinne: antiquiert, traditionsbelastet, undemokratisch, ein Hort von Unfreiheit und Reaktion. Anderseits stand die preußisch-russische Freundschaft gerade jetzt in ihrem Zenit. Von der preußischen Hilfestellung im Krimkrieg und dem eben niedergeworfenen polnischen Aufstand bis zu den russischen Gegenleistungen in den nun beginnenden deutschen Einigungskriegen durchlief sie gerade jetzt eine Folge massiver Bewährungsproben.

Um das alles war jedoch schon ein Zwielicht. Rußlands neuerlicher militärischer Sieg über Polen war zugleich eine neuerliche politische Niederlage, und zwar letztlich auch für die deutschen Großmächte und um so mehr, als man dies nicht begriff. Der Versuch, den Schlachtschitzenstaat in das Kontinentalsystem organisch einzugliedern, war endgültig mißlungen. Polen blieb ein Fremdkörper. Und je weniger es nach jedem verlorenen Aufstand noch im eigenen Hause zu sagen hatte, um so lauter redete das Emigrantenzentrum in Paris. Polen war in das westliche Lager übergegangen! Aus dem Unterschied zwischen seinem adligen Wesen und dem autoritären in Deutschland und Rußland war ein Gegensatz, war Feindschaft geworden. Frankreichs uralter, schon von Franz I. und Richelieu praktizierter Plan eines Deutschland zernierenden Bündnisses mit dem wichtigsten Nachbarsnachbarn, dem jeweiligen Organisator der osteuropäischen Schütterzone, gewann hier unverhofft einen neuen Ansatz und, was ihm zuvor nie vergönnt war, einen Anflug von Tiefe. An Deutschland vorbei floß fortan unaufhörlich der ideenpolitische Gegenstrom nach Osteuropa, das Kontinentalsystem unterspülend. Zwischen der westeuropäischen Demokratie mit ihrem Zug zur Befreiung von Individuen und der osteuropäischen Schütterzone mit ihrem Zug zur Befreiung von Völkern war plötzlich eine logisch keineswegs einwandfreie, aber unwiderlegbar spontane Verbindung. Ob auf französisch oder auf polnisch, ob von Advokaten jakobinisch oder von Schlachtschitzen chauvinistisch gemeint: Freiheit war das verbindende Zauberwort!

Frankreich war seit der Julirevolution wieder und nun erst recht das notorische Land der Freiheit. Unter nach Stimmung und Zeitgeschmack wechselnden Formen, unruhig und pathetisch, war es im Grunde doch auf demselben nüchternen Wege zur parlamentarisch-kapitalistischen Demokratie, auf dem sich gleichzeitig und in minder dramatischer Weise auch Großbritannien befand. Der Gegensatz beider Mächte, der noch am Anfang des Jahrhunderts unüberbrückbar erschienen war, schwand rasch dahin. Ein Verschmelzungsprozeß setzte ein. Aus Frankreich und Großbritannien als dem Kristallisationszentrum, zu dem von vornherein noch so wichtige Nebenländer wie Belgien und Sardinien kamen, entstand ein homogener »Westen« mit gewaltigem maritimen Rückhalt. Welche unerhörte Gefahr damit für die kontinentale Allianz heraufzog, hatte der Krimkrieg blitzhaft erhellt, sosehr er als Auftrieb der preußisch-russischen Freundschaft zunächst auch umgekehrt wirkte: Bisher hatte immer nur *eine* der beiden Großmächte Westeuropas, Frankreich *oder* Großbritannien, in türkischen, polnischen oder schwedischen Geleisen gegen Rußland oder auch Deutschland eingreifen können. Die andere hatte dann meist wegen der grundsätzlichen Rivalität, nicht etwa aus besonderer Neigung, entgegengesetzt Partei nehmen müssen. Und meist also hatten die Wirkungen einander paralysiert; wurden die Rollen vertauscht, so konnte als cauchemar des coalitions eine ganze Welle von Frontwechseln über den Erdteil laufen und doch für Mittel- und Osteuropa das neue Machtverhältnis vom alten schließlich kaum abweichen. Jetzt zeichnete sich die Gefahr einer ernsteren Änderung ab. Möglich als Nachbarsnachbar und prädestinierter Bundesgenosse der Schütterzone war fortan, wie der Krimkrieg gezeigt hatte, *der Westen*: der einige Interventionswille beider westeuropäischen Großmächte und noch etwas mehr als dies; auch Sardinien, also Italien, hatte am Krieg gegen Rußland ja bereits teilgenommen. Um das Jahrhundertende, als die bourbonische Restauration in Frankreich endgültig verpaßt war und die Tage der Monarchie selbst in Großbritannien gezählt schienen, begannen auch die Vereinigten Staaten in jene große Einigkeit unaufhaltsam hineinzuwachsen. Zu dieser Zeit lag die alte deutsch-russische Allianz aber schon in den letzten Zügen. Nur der maritime Außendrall in Großbritannien war noch jahrzehntelang zu stark, um die Kräfteverschiebung in Mittel- und Osteuropa voll zur Wirkung kommen zu lassen.

Was hier auf der kontinentalen Seite entscheidend versagt hatte, war jener schwer faßliche Bestand, der von den Realpolitikern oder denen, die sich dafür halten, gewöhnlich kaum mitgezählt wird: der »Geist« des Staatslebens, der Ideengrund des Politischen. Wenn England am Schluß des Jahrhunderts Frankreich, dem alten Widersacher, näher als Deutschland, näher als dem stamm- und geschichtsverwandten Hannover und Preußen stand, wenn Frankreich seinerseits aus dem Unglück von 1871 nationalethisch mehr zu machen wußte als Deutschland aus seinem Glück, wenn selbst noch das vergewaltigte Polen dem russischen Adel als ein Hort der Freiheit verführerisch war, so hatte das alles denselben Grund: Die ideelle Strahlungskraft der Kontinentalmächte ging zurück. Sie hatten zu sehr mit sich selbst zu tun, um noch nach außen wirken, noch anderen etwas sein zu können. Vor ungewöhnlichen Umstellungsschwierigkeiten stand damals freilich alle Welt. Auch den Westmächten fiel es nicht leicht, zwischen ihrer bisherigen Form und den Geboten des Industriezeitalters einen inneren Ausgleich zu finden. Auch hier gab es Krisen und Revolutionen, aber über sie kam man eben doch Schritt für Schritt in der neuen Richtung voran. Von Calvin und Locke her war das Individuum auf eine Weise politisch aktiviert, die sich auch auf die Meisterung der neuen Probleme noch heilsam auswirken konnte. Freiheit war hier stets auch Freiheit gegen den Staat; sie galt von vornherein neben dem geistigen Innenraum auch einem äußeren, gesellschaftlichen; sie hatte von hier aus folgerichtig zu Kapitalismus und parlamentarischer Demokratie, ökonomischem und politischem Liberalismus geführt. Als nun mit der Industriewirtschaft eine neue Welle vor allem »sozialer« Schwierigkeiten hereinbrach, traf sie im Westen auf Völker mit schon beträchtlich aufgelösten, aber ebendamit gegen die Auflösung auch schon beträchtlich immunisierten Sozialstrukturen. Das weitere Schwinden der alten, obrigkeitlich-dynastischen Ordnung trat hier paradoxerweise *als politisches Ordnungsmoment* in Erscheinung! Gerade diese neue, überraschend quersinnige Möglichkeit war es ja, auf der die alten Rivalen England und Frankreich, von ihren Traditionen her unwiderruflich zerstritten, einander jetzt plötzlich fanden.

Im lutherischen Preußen und vollends in Rußland war die Entwicklung ganz anders verlaufen. Hier hatte der Staat seine alte sakrale Bedeutung behalten. Es hatte keine im westlichen Sinne, gegen den Staat unternommenen Revolutionen gegeben, jedenfalls keine erfolgreichen. So war auch keine parlamentarische Demokratie und kein mit dieser koordinierter, politisch vernünftiger Kapitalismus zustande gekommen. Für die große soziale

Revolution, die nun gleichwohl auch hier im Gefolge der Industrialisierung unaufhaltsam heraufzog, fehlte damit die Vorlage, die aktive Immunisierung. Die neuen wirtschaftlichen und gesellschaftlichen Faktoren, die plötzlich ein so unerhörtes Gewicht hatten, trafen keinerlei Anstalten, sich den nationalen Gesamtformen einzufügen. Sie fielen einfach aus dem Rahmen. Wollte man der Auflösung nicht in krassester Weise erliegen, so mußte man improvisieren. Und prinzipiell hätte man es gekonnt. Schließlich fehlten politische Revolutionen in Deutschland und Rußland ja nicht zuletzt deswegen, weil die Monarchie, die preußische wie die moskowitische, *selbst* ein von Grund auf revolutionäres Prinzip war! Die Demokratie im formalen, amerikanisch-französischen Sinne hatte sich hier gegen den alten, dynastischen Obrigkeitsstaat nicht gewaltsam emporgekämpft, weil sie das hier nicht *konnte*. Denn man kann nur erkämpfen, was man noch nicht besitzt. Der preußische und moskowitische Obrigkeitsstaat hatte aber seinerseits durch die Einebnung von Privilegien aller Art die Demokratie im faktischen, gesellschaftlichen Sinne schon weitgehend erreicht. Weil das absolutistische Preußen bereits ein intakter Rechtsstaat war, konnte man diesen hier nicht mehr durch einen Sturm auf die Bastille gegen den Absolutismus erzwingen. Und weil sich der Adel hier längst aus einem sozialen Schmarotzer in eine moderne Leistungselite verwandelt hatte, war es schlechthin witzlos, ihn durch eine solche ersetzen zu wollen. Die Revolution westlich-liberalen Stils war hier apriorisch dazu bestimmt, auf ewig eine Sache von Schwärmern und Postenjägern zu bleiben. Auch in Rußland erwartete sie kein im mindesten besseres Schicksal. Freilich hatte der moskowitische Willkürstaat es nicht wie Preußen verstanden, die feudale Oberschicht umzuprägen: Er hatte sie *ausgerottet*, hatte damit sich selbst ein entscheidendes, heute noch nicht überwundenes Handikap zugefügt. Und er hatte, damit zutiefst im Zusammenhang, sich selbst nicht zum Rechtsstaat zu läutern vermocht. Mit diesen düsteren, furchtbaren Zügen war die zarische Monarchie jedoch nur um so krasser als eine revolutionäre, egalisierende Macht ausgewiesen. Die Richtung war auf jeden Fall klar: Auch die soziale Revolution im Gefolge der Industrialisierung hätte hier *durch* die tradierte Staatsmacht statt gegen sie erkämpft werden müssen.

Der frühe Sozialismus, oder wie immer der neue Revolutionswille in den Anfangsphasen benannt sein mochte, zeigte wirklich in Deutschland und Rußland entsprechende Ansätze. Er stand hier nicht sofort wie im Westen zu Staat und Tradition im Gegensatz. Vielmehr hoffte in Rußland eine ganze revolutionäre Generation von Tschaadajew bis Bakunin auf den Volkszaren, der das neue Zeitproblem in derselben selbstherrlich-brutalen Weise von oben bewältigen werde, wie das zu ihrer Zeit bereits Iwan der Schreckliche oder Peter der Große besorgt hatten. Nicht anders stand es um Deutschland. Noch Lassalle hoffte auf eine autoritäre Revolution mit der preußischen Monarchie als sozusagen naturgewollter Spitze. Das waren hier wie dort keine haltlosen Phantasien. Tatsächlich kam ja kein Zar im 19. Jahrhundert sowohl dem zarischen Selbstherrschertum der Iwan und Peter als auch dem Revolutionszentralismus der Lenin und Stalin so nahe wie Nikolaus I. mit seinem drakonisch unliberalen, alle Freiheit zugunsten eines erzreaktionären Staatsinteresses unterdrückenden Machtwillen. Und in Preußen erwog ausgerechnet Bismarck in der Konfliktzeit sehr ernsthaft den von Lassalle vorgeschlagenen Pakt gegen die liberale Opposition, der mit einer Wahlrechtsreform einzuleiten gewesen wäre und dann höchstwahrscheinlich ein dauerndes, weiter sehr unliberales Zusammenwirken von Sozialismus und Monarchie zur Folge gehabt hätte.

Wenn schließlich doch die Gemeinsamkeit von beiden Seiten her nicht genügte, so lag das weder am mangelnden Mut der Beteiligten noch an mangelndem Sinn für das Mögliche. Woran es vielmehr gebrach, war im Grunde doch die Möglichkeit selbst. Es fehlte ein Konzept. Im deutschen Protestantismus war ja nicht nur das Individuum über den heute so viel gerügten Gehorsam gegen die Obrigkeit an einem politischen Aufbruch kalvinisch-westeuropäischen Stiles gehindert. Vielmehr blieb in der lutherischen Entwicklung auch die Obrigkeit ohne spezielles Konzept, ohne ein dem kalvinischen Genf vergleichbares neues Modell. Von der deutschen und westeuropäischen Aufklärung wurden beide Ansätze dann getreulich in die moderne, säkularisierte Begriffssprache übersetzt. So erhielt Westeuropa durch Locke ein von Sitte und Tradition philosophisch gelöstes politisches Leitbild. Deutschland dagegen ging leer aus. Für sein spezielles Bedürfnis schuf Leibniz und auch noch Kant nichts dergleichen. Hier also blieb die alte, territorialstaatlich-landeskirchliche Ordnung, wo sie der Aufklärung erlag, ohne Nachfolge.

Als das Industriezeitalter von England her schon seine Schatten vorauswarf und das Erdbeben um die Französische Revolution an der Brüchigkeit des alten Zustandes keinen Zweifel mehr ließ, begann plötzlich das Fragen und Suchen. Bei Hegel war das Erkenntnisproblem, das eben noch als zentral galt, plötzlich verschwunden. Statt dessen standen bisherige Randfragen um Geschichte und Politik, um Staat, Recht und Gesellschaft nunmehr praktisch im Mittelpunkt. Als Hegel 1818 nach Preußen, nach Berlin ging, um von weltweit sichtbarem Lehrstuhl herab den Staat als höchsten Ausdruck des objektiven Geistes zu definieren, ging es durch Deutschland wie ein Aufatmen. Die Gefahr schien gebannt, der Staat von der Idee her erneuert. Und freilich nicht nur der Staat überhaupt, sondern insbesondere der germanische Staat und speziell seine monarchische Form, die in Preußen so gründlich verwirklichte, schien damit rehabilitiert! Schon bei den Zeitgenossen und selbst den Schülern erregte das Kopfschütteln. Allzu offensichtlich war Hegel hier vom Berliner Katheder her einer perspektivischen Täuschung erlegen. Schopenhauers Kritik an der Professorenphilosophie traf gewiß nicht ins Schwarze, war aber gewiß auch nicht völlig falsch. Philosoph und Professor, Dämon und Beamter waren in Hegels Persönlichkeit zu mysteriöser Einheit verschmolzen. Und in dem Philosophen wiederum stand der zum Gegenständlichen drängende Systematiker mit dem reinen Methodiker in unaufhebbarem Widerstreit. Denn gerade von der Methode her war ja alles improvisiert. Eine Logik, die durch den Widerspruch in Bewegung gekommen, Bewegung geworden war, lief im dialektischen Dreitakt plötzlich über sich selbst hinaus, lief aus der reinen Begrifflichkeit, dem Reich der Schatten, unversehens in das der Natur und unaufhaltsam durch dieses hindurch in das der Geschichte, des zu sich selbst gelangenden Geistes. Es war ein grandioser Gesamtentwurf, der erste Versuch einer einheitlich-rationalen Weltdurchdringung seit den Tagen der Hochscholastik. Aber schon der erwähnte Umstand, daß die Selbstbewegung des mit dem Sein identischen Geistes ausgerechnet in Preußen, vor Hegels Berliner Katheder plötzlich zum Stillstand, zum Ziel gekommen sein sollte, gab dem Erhabenen einen fast komischen Nebensinn. Irgend etwas stimmte hier nicht. Zudem war die Methode im naturwissenschaftlichen Rahmen von vornherein sichtlich ungemäß. Hegel hatte sie mit tyrannischer Zähigkeit gleichwohl auch hier, allen Protesten und Unstimmigkeiten zum Trotz, angewandt. Aber es war ein Ankämpfen wie gegen eine Lernäische Schlange. Zusammen mit dem naturwissenschaftlichen Tatsachenmaterial wuchsen die Unstimmigkeiten fast täglich. In den Jahrzehnten nach des eigensinnigen Denkers Tode nahm das Mißverhältnis vollends groteske Formen an. Über den Äther, das Herz, das Urteil, die Planeten – überall hatte Hegel danebenphilosophiert. Als schließlich Ludwig Feuerbach obendrein noch nachweisen konnte, daß die geistesphilosophischen Endresultate des Hegelschen Systems durch den logischen Ansatz versteckt involviert und also nicht wirklich bewiesen, nicht wirkliche Resultate sind, begann der *Sturz*. Wie sonst nur Großmächte, Staatsmänner oder Regierungssysteme, so stürzte jetzt, eine Weltordnung mit sich reißend, die Hegelsche Philosophie. Alles kam nun auf den Nachfolger an.

Hegel selbst, der Verblichene, konnte den Angriffen nicht mehr begegnen. Er konnte nicht mehr geltend machen, daß einerseits die verfehlte Anwendung einer Methode gegen diese selbst noch keinen grundsätzlichen Einwand bedeutet und anderseits in gewissen Hinsichten, die freilich nicht maskiert werden dürfen, *alles* durch Logisches, Apriorisches involviert ist, um von Menschlichkeiten wie einer Überwertung der näheren Lebens- und Zeitverhältnisse ganz zu schweigen. Im geistesgeschichtlichen Rahmen hatte sich Hegels Methode im übrigen ja verblüffend bewährt. Ganz falsch, ein bloßes Hirngespinst, war sie also gewiß nicht: Sie war korrekturbedürftig. Und vollends korrektur- und ergänzungsbedürftig war ihr gegenständliches Material, vor allem auch das zeitgeschichtliche. Hegel hatte von seiner Situation her bei aller Hellsicht und Nüchternheit dem anlaufenden Industriezeitalter noch nicht voll gerecht zu werden vermocht. Hier besonders mußte der Nachfolger durchgreifen. Und der Hegelianer Marx, der bedeutendste und allerdings auch extravaganteste Schüler, versuchte dies in der Tat. Nur war auch er ein Kind seiner Zeit: einer von Hegels Begriffsfreude völlig abgekommenen. Für die Erarbeitung einer ehrlich unvoreingenommenen, nicht ad hoc konstruierten Methode war das wieder kein guter Start. So ging das Improvisieren weiter. Marx ersetzte den strapazierten Idealismus nur kurzweg durch einen der umgeschlagenen Zeitstimmung eingängigeren Ökonomismus und kam dann wieder zum Thema. Die Dialektik blieb, lief aber nun in erstaunlich veränderter Richtung: Vorbei am preußischen Staat und überhaupt allem Staatlichen, zeitgenössisch Politischen ging es nunmehr plötzlich direkt in das Paradies, in das große Endglück der klassenlosen Gesellschaft. Während die Revolutionstaktik in der Folgezeit immer realistischer ausgearbeitet wurde, lag fortan über dem sozialistischen Ziel, dem Idealzustand nach der ja nur als Schwelle gedachten Diktatur des Proletariats, die trügerische Einfachheit des Utopischen und zugleich Unbestimmten, des nicht einmal als Illusion Vollendeten.

Denselben Bruch mit der staatlichen Wirklichkeit oder gar der Staatsidee überhaupt vollzog in Rußland mit geringerem philosophischen Aufwand die Generation der Tkatschew und Netschajew. Auf dem Throne aber fand sich hier wie gleichzeitig in Deutschland kein königlicher Sozialist vom Schlage Peters des Großen oder Friedrich Wilhelms I., der die anlaufende Verirrung durch Tat und Beispiel zurechtgerückt hätte. So nahm das Unheil seinen Lauf. Mehr als jede andere politische Bestrebung ist ja gerade der Sozialismus für die Verwirklichung seiner Ziele auf den Staat angewiesen. Nun spielt aber der Staat bei Kontinentalmächten wie Deutschland und Rußland, die kaum natürliche Grenzen besitzen, ohnehin eine größere Rolle als etwa bei den Westmächten, die bis zu einem gewissen Grade Staat durch Lage, durch insulare oder peninsulare Vorteile ersetzen können. Daß der Sozialismus von seinen entscheidenden Ansätzen her kein gesundes Verhältnis zur Macht besaß, mußte mithin seine deutsche und russische Erscheinungsform mit besonderer Schwere treffen und damit überhaupt Deutschland und Rußland. Hier kann man nun einmal nicht, wie das in England seit den Rosenkriegen immer wieder geschah, der inneren Entwicklung zuliebe auf Außenpolitik und überhaupt Staatlichkeit zeitweilig mehr oder minder verzichten. Hier *bleibt* der Staat, ob man will oder nicht; es fragt sich nur, *wie* er bleibt. Eine politische Bestrebung, die dafür kein Organ hat, führt hier, falls sie siegt, über die damit identische Staatskatastrophe, an der ihre Utopien rasch und für immer verfliegen, *zu Schlimmerem*: zu einer ungezügelten Kompensationsentwicklung, einer illegitimen Erneuerung des mißachteten und in seiner maßvoll-legitimen Form leichtfertig preisgegebenen Staates durch irgendeine dem Situationszwang brutal entsprechende Zufallsgewalt. Dies Unheil, das sich für Rußland in Stalin und für Deutschland in Hitler verkörpern sollte, war nun also schon auf dem Wege ...

Die preußisch-russische Freundschaft erlebte das alles nicht mehr. Sie hatte sich auf das Gemeinsame an der beiderseitigen Daseinsform und also überhaupt auf diese, auf ihr intaktes beiderseitiges Fortbestehen, gegründet. Ebendiese Grundlage war nun zerstört. Indem in Deutschland wie in Rußland der Sozialismus das Staatsgefühl und der Staat den Kontakt mit der werdenden Industriegesellschaft verlor, war zwar immer noch hier wie dort etwas da: eine Mannigfaltigkeit von Gesellschaftsklassen und Geisteshaltungen, sich voneinander abkapselnd und gesondert verabsolutierend. Die nationalen Gesamtformen aber waren damit zugrunde gegangen. Und zuinnerst wußte das jeder, litt alles an jenem Gefühl einer ungreifbar allgegenwärtigen Drohung, das sich dann im Reden von Dekadenz, Fin de siècle, Tanz auf dem Vulkan niederschlug. Am schlimmsten stand es um Rußland: Es war plötzlich nicht mehr es selbst. Der innere Formenzerfall, der die Intelligenz anarchistisch-

international statt russisch-national fühlen ließ, machte
das Festhalten an der gewachsenen nationalen Gesamtform auch für die politische Oberschicht sinnlos. Auch
hier hörten die Russen auf, Russen zu sein, nur verwandelten sie sich hier statt in »Proletarier« in »Slawen«, in
Panslawisten. Der neue Imperialismus, der damit sein
Stichwort erhalten hatte, entsprach in einer nicht logisch,
aber psychologisch streng folgerichtigen Weise der Unsi-
cherheit und geheimen Angst seiner Träger. Das alte russische Interesse an den Slawen und Christen des Balkans
begann sich emotional versteift auf das ganze westliche
Slawentum auszudehnen, sich in eine neurotisch genaue
Identifizierung mit Umriß und Gefüge der Schütterzone
zu übersteigern. So stand Rußland schließlich auf Biegen
oder Brechen hinter den serbischen Großmachtvisionen,
so erneuerte es für eigene Rechnung Polens uralte Absicht auf Königsberg. Frankreichs Entente mit Rußland
zeigt erst vor diesem Hintergrund ihre volle, gespensti-
sche Konsequenz: Nicht um das eigentliche, politisch
streng determinierte Rußland, sondern wie eh und je um
den Organisator der Schütterzone, den Erben jagielloni-
scher, osmanischer und schwedischer Machtstellungen
an der Ostflanke Mitteleuropas, war es Frankreich bei
diesem Bündnis gegangen. Und Rußland also kämpfte,
als dann der Krieg wirklich da war, im tiefsten Grunde
gegen sich selbst. Alles war auf den Kopf gestellt. Erst das
Ende war wieder logisch: Am Schluß des Krieges stand
nur die Schütterzone siegreich erneuert im Lager des
Westens. Dagegen war Rußland nicht minder gründlich
als Deutschland zerschmettert. Im Scheitern waren die
Partner der verspielten Konstellation wieder eins.

VII.

Logisch war auch nach dem Ersten Weltkrieg noch vieles, aber vieles auf jeder Seite und damit für das Ganze der Zug zu weiteren Katastrophen. Alle Welt war sich darüber klar, daß Rußland und Deutschland die auf ihre Kosten in ihrer Mitte wiedererstandene, ideell und materiell ganz vom Westen und für den Westen lebende Schütterzone wie einen Pfahl im Fleisch niemals akzeptieren würden. Auch lag der Gedanke nicht fern, von dieser Gemeinsamkeit her das deutsch-russische Verhältnis überhaupt neu zu konstituieren. Von Rathenau über Stresemann bis zu Ribbentrop, von der friedlich-rechtlichen Weimarer Republik bis zu Hitlers bösartiger Diktatur, quer also durch die verschiedensten ideologischen Planquadrate zog sich denn auch eine Kette entsprechender Ansätze. Aber sie kam niemals echt zum Ziel. Rapallo blieb eine Demonstration, und das militärische Einvernehmen kam über das Fachliche nie hinaus. Jede Zusammenarbeit war begrenzt durch den Gegensatz der neuen Ordnungen, die sich von den Revolutionen des Kriegsendes her auf beiden Seiten entwickelt hatten. Und als Hitler schließlich in Deutschland einen zweiten, konträren Umsturz herbeiführte, wurde die Kluft nur noch tiefer. Die kalte Einigkeit des gemeinsamen Revisionswillens schuf dann doch 1939 ein komplexer wirkendes Bündnis. Und nun wurde Polen zum fünften Male geteilt, nun wurde überhaupt die Schütterzone zwischen Deutschland und Rußland aufs neue zerdrückt. Die einfache Logik der Nachbarsnachbarschaft schien damit doch noch gesiegt zu haben, der Zweite Weltkrieg schien anders als der Erste von intakten Gegensystemen getragen zu werden.

Logisch aber waren nun auch die Eröffnungszüge der Gegenseite, die jenen Ansatz vereitelten. Großbritannien und Frankreich erklärten Deutschland den Krieg, und sie erklärten Rußland *nicht* den Krieg. Denn sie wollten *ihr* System der Nachbarsnachbarschaft retten, nicht aber ausgerechnet in diesem unrechtesten Augenblick auch dem Gegensystem diesen Liebesdienst tun. So begann der Krieg ohne klare politische Vorentscheidung. Und als Aufhebung jener Gegenzüge war auch dies noch logisch. Unlogisch im gröbsten, himmelschreienden Sinne war erst Hitlers Angriff auf Rußland. Denn damit wurde sozusagen die Entwicklungsreserve der deutschen Politik wiederum zerstört, und diesmal nicht durch die Kunst der westlichen Diplomatie, sondern unausdenkbarerweise im wesentlichen durch Deutschland selbst. Aus dem nach Thema und Einsatz begrenzten Revisionskrieg wuchs damit zum zweiten Male das Ungeheuerliche. Während der Westen von unangreifbarer insularer Rückzugsstellung her zusah, begann zwischen Deutschland und Rußland zum zweiten Male der blutige Substanzverschleiß.

Natürlich gewesen wäre in dieser Phase ein Kriegsausgang wie 1917/18: ein totaler Niederbruch Rußlands wie Deutschlands und ein entsprechend totaler Aufstieg der nachbarsnachbarschaftlich mit den Westmächten gegen Deutschland verbündeten Schütterzone. Wenn es zu dieser für Deutschland unglücklichsten Entwicklung dies zweite Mal dann doch nicht kam, so verdankt man dies nur dem Umstand, daß Hitlers Unlogik durch die gegensinnige Unlogik Roosevelts am Schluß des Krieges schon weitgehend paralysiert war. Mit seinem Deutschenhaß, seinem einseitigen Dringen auf Deutschlands bedingungslose Kapitulation und anderseits seiner Hilfestellung für Rußland hatte Roosevelt zwar auch ein wenig die deutsche Niederlage beschleunigt, die indes ohnehin unvermeidlich war. Vor allem aber hatte er damit die russische Niederlage verhindert. Und er hatte die Auferstehung der Schütterzone verhindert. Diese wanderte am Schluß des Krieges aus dem deutschen Machtbereich in den russischen. Aber sie blieb besetzt, sie blieb es de facto bis heute. Die Zielsetzung also, um derentwillen Großbritannien und Frankreich den Krieg eröffnet hatten, wurde in der entscheidenden Hinsicht *nicht* erreicht! Von den Gegensystemen der Nachbarsnachbarschaft ging aus dem Zweiten Weltkrieg, anders als aus dem Ersten, das gegen Deutschland gekehrte nicht eindeutig als Sieger hervor.

Ja, so merkwürdig es klingt: Wir müssen Roosevelt dankbar sein! Er hatte es abgründig böse mit uns im Sinne. Aber er erreichte wie so mancher pathologische Hasser, wie nicht zuletzt auch Hitler, mit dämonischem Ungeschick neben seinem Ziel fast auch schon dessen Gegenteil. Er besiegelte das Verbrechen seines Amtsvorgängers Wilson: die Zerstörung Europas. Wenn heute russische Truppen mitten in Europa an Elbe und Werra stehen, so beruht das im wesentlichen auf Roosevelts Schuld oder schuldhafter Schwäche. Und wir Deutschen, das Volk der europäischen Mitte, sind bei dieser Zerstörung die Hauptleidtragenden, wie wir das nach Roosevelts Willen ja auch hatten sein sollen. Aber hier wie so oft wäre weniger mehr gewesen. Man muß in der Politik ja stets unterscheiden zwischen Zustand und Möglichkeit, zwischen Direktwirkung und reaktiver Fernwirkung. Die Halbierung Deutschlands, dies beispiellos krasse Negativum, ist unter dem zweiten Aspekt zugleich ein für deutsche Verhältnisse nicht minder beispielloses Positivum. Denn damit endlich, nach Jahrhunderten der Verkümmerung oder Saturiertheit, besitzt Deutschland wieder ein Ziel! Es besitzt damit heute ein Ziel von so elementarer Berechtigung, daß die öffentliche Weltmeinung und sogar, kaum zu glauben, die eigene Linke es gutheißen müssen. Kein anderes größeres Volk besitzt zur Zeit eine ähnlich kompakte Möglichkeit, an unzweideutig berechtigten nationalen Belangen neu zu sich selbst zu finden. Und nun vollends das zweite: Die Bundesrepublik, Deutschlands handlungsfähiger Rest, besitzt auch in taktischer Hinsicht ganz andere Möglichkeiten als weiland der isolierte Weimarer Staat. Über Pakte wie die Montanunion und die Nordatlantische Verteidigungsorganisation hat sie sich in verschiedenen Formen dem stärksten Machtblock der Welt angeschlossen. Sie ist nicht ganz erfolglos bestrebt, die Fatalität der Gegensysteme wenigstens an den beiderseitigen Westposten, also hauptsächlich zwischen Frankreich und Deutschland, durch ein eigentümliches neues Verfahren, die Auslagerung von politischer Initiative aus der klassisch staatlichen Dimension, zu entschärfen. Und der Westen anderseits steht nicht nur militärisch garantierend hinter dem deutschen Reststaat als solchem, er steht vielmehr im Prinzip auch hinter dem Ziel dieses Staates, dem Wesensziel der Wiedervereinigung. Das sind bedeutsame Veränderungen. Und wem verdanken wir sie? Wir verdanken sie zunächst, wie gesagt, Roosevelt als dem großen Protektor Rußlands im Zweiten Weltkrieg, und wir verdanken sie damit auch überhaupt Rußland. Alle Positionsvorteile unserer heutigen Weltstellung gehen übereinstimmend darauf zurück, daß Rußland 1945 bis Mitteleuropa vorstoßen konnte und daß es also seitdem in verschiedenen völkerrechtlichen Formen an der Elbe-Werra- und der Oder-Neiße-Böhmerwald-Linie steht. Für Deutschland wie zugleich für den ganzen Westen ist Rußland damit heute im unmittelbarsten, bösesten Sinne der Nachbar. Das ist die Grundtatsache, die Roosevelt übersehen hatte. In seinem blinden Haß hatte er Deutschland so schwach werden lassen, daß sich gegen Deutschland ein System der Nachbarsnachbarschaft zwischen dem liberalen Westen und einem an der Fassade liberalisierten Rußland nicht einzuspielen vermochte.

Aber was das Netteste an der Sache ist: Auch zwischen dem liberalen Westen und der Schütterzone vermochte jenes System sich nun nicht wieder einzuspielen. Denn dazu hätte die Schütterzone ja machtmäßig existent sein müssen. Tatsächlich aber ist sie trotz der formalen Souveränität ihrer Kleinstaaten und trotz der nationalen Reflexbewegungen, die einem Gomułka einstweilen erlaubt sind, faktisch von Rußland verschlungen. Auch dies noch hat Roosevelt unabsichtlich verursacht. Und auch dafür noch haben wir Deutschen ihm dankbar zu sein. Freilich: *nur* wir Deutschen! Der ganze übrige, eigentliche Westen jenseits von Rhein, Kanal und Atlantik denkt an diesem Punkt anders, denkt hier letztlich konträr. Setzen wir einmal den Fall, am Ende des Zweiten

Weltkrieges wäre, wie das erste Mal, neben Deutschland auch Rußland zusammengebrochen. Dann stände heute ein mit westlicher Hilfe erneuertes, tatsächlich selbständiges Polen an Oder und Neiße und vielleicht auch an Elbe und Werra. Und dann also hätte sich für Europa mehr als nur die Bezeichnung der osteuropäischen Vormacht geändert. Denn dies erneuerte Polen wäre, anders als heute Rußland, im unmittelbarsten, bösesten Sinne der Nachbar *nur für Deutschland*, nicht damit zugleich für den ganzen Westen. Für diesen hätte sich in dem angenommenen Fall vielmehr die Nachbarsnachbarschaft wiederhergestellt. Und nicht etwa nur wahrscheinlich, sondern mit tödlicher Sicherheit, mit für Deutschland tödlicher Sicherheit wäre das so gekommen. Die Tatsachen unserer Zeit gestatten uns sehr wohl eine Rekonstruktion jener Möglichkeit. Gomułkas Reden und Ansichten sind für Polens echte Entscheidungen allerdings kaum symptomatisch. Man denke jedoch an das freie Polentum in der westlichen Emigration, vor allem in den Vereinigten Staaten. Hier besteht man auf der Oder-Neiße-Linie bekanntlich mindestens ebenso schroff wie in Warschau. Hier nimmt man, mit anderen Worten, die deutsche Dauerfeindschaft um dieser Grenze willen mit voller Absicht in Kauf, und zwar in der Erwartung einer entsprechend dauernden Unterstützung *nicht etwa durch Rußland, sondern durch den Westen*. Das ist Polens wahrer Standpunkt. Und nur ein Verblendeter könnte meinen, daß Polens Hoffnung auf den Westen, auf die Reaktivierung der gegen Deutschland gekehrten Nachbarsnachbarschaft, ganz oder auch nur wesentlich falsch sei. Denn Deutschland und die Westmächte, besonders

Deutschland und Frankreich, sind einander im jüngsten Jahrzehnt zwar erfreulich nähergekommen, die klassische Spannung der Gegensysteme ist an ihren Westposten, wie vorhin festgestellt, *entschärft*. Mehr aber ist noch nicht geschehen. Die vielerörterte Integration selbst nur der sechs Montanunionländer befindet sich politisch wie übrigens auch ökonomisch noch immer im Anfangsstadium. Alles kann noch in nichts zerfallen. Und alles *würde* in nichts zerfallen, ja wäre nie erst zustande gekommen, wenn an Deutschlands zurückgeworfener Ostflanke statt der russischen Macht die polnische stünde. Noch vor Jahresfrist konnten solche Überlegungen selbst der wohlwollenden Kritik etwas kraß scheinen. Heute ist das kaum noch möglich. Allzu merklich schlug angesichts der Berlinkrise die westliche Stimmung um, allzu prompt verstärkten sich plötzlich die Symptome des Deutschenhasses. Der Westen liebt uns nicht, und warum sollte er auch. Er steht heute schlecht und recht zu Berlin, weil ihm gar nichts anderes übrigbleibt. Aber er stünde lieber, wenn ihm dies nur möglich wäre, zu Warschau, während anderseits, wie man doch nicht vergessen sollte, niemand sonst als er selbst, der Westen, es war, der die deutsche Hauptstadt auf Grund eines anderen Lageverständnisses in ihr heutiges Unglück gestoßen hat. Machen wir uns nichts vor: Die polnische Emigration schwebt mit ihren Erwartungen keineswegs in den Wolken. Auch wir dürfen nicht in den Wolken schweben. Wir müssen uns darüber klar sein: Eine auferstandene Schütterzone mit komplexem Rückhalt am Westen wäre auf unabsehbare Zeit das Grab aller größeren deutschen Hoffnungen.

Mithin ist Rußlands Herrschaft über die Schütterzone von Deutschland her gesehen noch längst nicht das schlechteste. Deutschland und der übrige, eigentliche Westen gehen, mit anderen Worten, hinsichtlich ihrer osteuropäischen Ziele nur eine bestimmte Strecke weit konform. Sie sind gemeinsam daran interessiert, daß Rußland Mittel- und Ostdeutschland freigibt. Für den Westen aber ist diese Befreiung nur der Auftakt zur allgemeinen Befreiung Osteuropas. Beide Möglichkeiten sind für ihn nur taktisch zweierlei. Für Deutschland sind sie prinzipiell zweierlei, ja schließen sie einander aus. Für Deutschland ist Rußland durch seine Gewaltposition in Mitteleuropa eben nicht wie für den übrigen Westen nur einfach der böse Nachbar. Für Deutschland ist Rußland dies allerdings *auch*. Doch wird die Nachbarschaft hart im Raume hier nach wie vor von der Nachbarsnachbarschaft unterlagert. Das ist, wie sich versteht, ein schreiender Widerspruch, gleichsam eine objektive oder objektivierte Schizophrenie. Doch sind die kontradiktorischen Möglichkeiten ja auch nicht gleichmäßig entwickelt. Vielmehr ist nur die eine, die Nachbarschaft, akut. Die andere, die Nachbarsnachbarschaft, ist latent, ist durch das Akute verdrängt. Aber falls Deutschland weder Krieg verschulden noch seinen Osten endgültig aufgeben will, falls es sich also, denn nur darauf läuft es hinaus, mit Rußland arrangieren will, so liegt hier der Weg: Die latente Gemeinsamkeit, die Nachbarsnachbarschaft gegenüber der Schütterzone, muß wieder zwischen Deutschland und Rußland zur tragenden Beziehung werden. Kein Einzelproblem wird dann mehr unlösbar sein.

Deutschland – und das bedeutet in solchem Zusammenhang immer Bonn, die Hauptstadt des provisorischen Rumpfstaates – hat in dieser Richtung bisher sträflich wenig getan. Auch die Opposition hat hier sträflich wenig getan, sie hat die echte Möglichkeit nicht einmal, wie es doch ihre Aufgabe wäre, wenigstens als Idee gegen den festgefahrenen Kurs der Regierung ins Spiel gebracht. Sie kritisiert mit Lust und an sich auch mit Recht, daß Adenauer in der Wiedervereinigungsfrage so gar kein Konzept besitzt. Und doch wird der entscheidende Fehler, ohne dessen Beseitigung man in der Wiedervereinigungsfrage niemals Boden gewinnen kann, von der Opposition genauso wie von der Regierung begangen: Beide unterscheiden nicht zwischen ost*deutscher* und ost*europäischer* Problematik! Beide fordern im Schlepptau der westlichen Freiheitsparolen von Rußland den Rückzug aus ganz Osteuropa. Beide sehen nicht oder wollen nicht sehen, daß sie mit dieser Forderung das starre russische Festhalten an Elbe-Werra- und Oder-Neiße-Böhmerwald-Linie regelrecht *provozieren*. Denn auf Grund einer solchen Lage muß Rußland ja fürchten, daß die Freigabe Mittel- und Ostdeutschlands nur das Fanal eines uferlos-allgemeinen, nicht mehr aufzufangenden Rückflutens sein würde. Rußland muß fürchten, daß Deutschland, unter einem sozialdemokratischen Bundeskanzler nicht anders als unter Adenauer, zur Unterstützung einer solchen dem deutschen Interesse zutiefst widerstrebenden Politik wahnwitzig genug sein werde. Zwischen Regierung und Opposition fehlt in außenpolitischer und speziell ostpolitischer Hinsicht eben leider *nicht*, wie gewöhnlich behauptet wird, jegliche Gemeinsamkeit. Gemeinsam ist beiden die fundamentale Verkehrtheit des Ansatzes. So kamen wir bisher nicht weiter, und so kommen wir auch in Zukunft nicht weiter. So warteten wir konzeptlos, bis Rußland die andere Initiative, die der böse-unmittelbaren Nachbarschaft, vor Berlin neu zu entfalten begann.

Mit alldem soll nun aber nicht in die allgemeine Nörgelei an Adenauer eingestimmt sein. Der Zusammenhang um die deutsche Wiedervereinigungspolitik hat ja leider noch eine andere Seite. Rußland ist noch immer im Angriff. Rußland hat seinen Lieblingstraum, einen Großangriff auf Europa, das Mittelmeer und den Nahen Osten unter Ausklammerung der Vereinigten Staaten, anscheinend noch immer nicht aufgegeben. Und solange es im Geiste bereits am Kanal steht, ist ihm die Schütterzone – wohlgemerkt, im Geiste, den Tatsachen zuwider – nicht als seine Westflanke problematisch. Solange ist sie ihm vielmehr innerhalb einer größeren, erst am Atlantik endenden Stellung ein einfaches Stück Hinterland ohne außenpolitischen Handelswert. Hier wird, wie man sieht, die Nachbarsnachbarschaft auch heute noch durch die böse, unmittelbare Nachbarschaft tiefer in die Latenz gedrängt. Und von hier aus also ist zwar nicht Adenauers Gesamtpolitik, immerhin aber ihr militärpolitisches Elementarziel ohne Zweifel vollauf begründet. Natürlich wäre es richtig gewesen, trotzdem auch die Alternative zum mindesten anzubieten, zum mindesten als Möglichkeit wirksam werden zu lassen. Immerhin steht das militärpolitische Elementarprojekt mit jener konstruktiven Möglichkeit mindestens nicht im Widerspruch. Es ist *auch* richtig, und zwar für jeden denkbaren Fall. Denn ist

Rußland im stillen etwa wirklich bereits zum Kriege entschlossen, ist ihm nur noch Termin und Anlaß fraglich, nun, dann ist die Chance der friedlichen Bereinigung eben so oder so verpaßt, dann kann auch die westdeutsche Aufrüstung politisch nichts mehr verderben. Ist Rußland aber noch nicht entschlossen, schwankt es noch innerlich, wofür trotz der Berlinkrise fast alle Anzeichen sprechen, dann kann die westdeutsche Aufrüstung, wie überhaupt die Erstarkung und Konsolidierung des Westens, Rußland nur nach der friedlichen Seite beeinflussen. So oder so ist die Aufrüstung richtig. Und sie darf nicht in Halbheiten steckenbleiben. Rußland muß wissen, daß es im Ernstfall auf Eisen beißt. Auch die Mittelstreckenraketen mit ihren Atomsprengköpfen dürfen uns nicht irremachen. Denn es steht geschrieben: Fürchtet euch nicht vor denen, die den Leib töten und die Seele nicht können töten, fürchtet euch aber vielmehr vor dem, der Leib und Seele verderben kann in die Hölle! Wenn wir nicht entschlossen sind, im Ernstfall den Kollektivtod als Volk der Unterwerfung vorzuziehen, dann sollten wir die militärischen und auch politischen Mätzchen lassen und lieber gleich freiwillig von der geschichtlichen Bühne verschwinden. Sind wir aber in jener ernstesten Weise entschlossen, so wird das die Gefahr des Krieges entscheidend verringern. Rußland ist eine Militärmacht, aber keine eigentlich aggressive. Es hat sich stets nach der Seite des schwächsten Widerstandes hin ausgedehnt, während es vor der Entschlossenheit sogar kleiner Länder wie Finnland und Jugoslawien haltmachte. Ob es auch vor Westeuropa haltmacht, liegt trotz des ungleichen Stärkeverhältnisses wesentlich an Westeuropa

selbst. Hier hat Adenauer von mißlichsten Startbedin-
gungen her ganze Arbeit geleistet. Und indem er durch
seine Politik der Stärke die Katastrophenbewegung der
bösen Nachbarschaft anhielt, schuf er auch für die Aktivierung der Nachbarsnachbarschaft unthematisch die
Grundvoraussetzung.

VIII.

Wenn die Weltgeschichte über uns und unsere Ostprobleme nicht endgültig hinweggehen soll, so müssen die konstruktiven Möglichkeiten, die in der deutsch-russischen Nachbarsnachbarschaft nach wie vor angelegt sind, *thematisiert*, mit Bewußtsein hervorgekehrt werden. Wir müssen, wie man so schön sagt, mit Rußland ins Gespräch kommen. Und zwar müssen wir es wirklich mit *Rußland*, nicht etwa mit den einzelnen Russen, nicht etwa von Mensch zu Mensch und damit schließlich, der utopischen Hoffnung nach, von Volk zu Volk. Solch kollektives Völkergespräch wäre an und für sich nicht von Übel. Es ist auch nicht prinzipiell unmöglich. Aber es könnte selbst unter günstigsten Bedingungen nicht in so kurzer Zeit eine so große soziale Breite gewinnen, wie die knappe Frist, die uns nur bleibt, es notwendig macht. Auch könnte so ein diffuses Völkergespräch selbst im besten Falle unmöglich so spezielle Probleme verbindlich lösen, wie das für eine Normalisierung der deutsch-russischen Beziehungen nun einmal unumgänglich ist. Und endlich sind Völker, echte Völker mit echten Sozialstrukturen, ja leider hier wie dort kaum noch da. Im Industriezeitalter mit seiner destrukturierten Gesellschaft und seiner anonym-apparatlichen Daseinsbewältigung zählt der Mensch, auch zur Masse akkumuliert, weniger denn je. Es zählen nur noch die Machtzentralen und Führungsstäbe. Auch hier freilich ist kein Mensch unersetzbar und eigentlich verantwortlich. Konstant aber ist die Funktion und ihr überpersönliches Interesse. Konstant ist vollends, unabhängig vom Wechsel der Personen und Stimmungen, die Logik. Und die wäre auf unserer Seite. Nicht also diffus zwischen Völkern, nicht als Anbiederung zwischen Deutschen und Russen, wohl aber abstrakt-realistisch zwischen Deutschland und Rußland wäre das Gespräch sehr wohl aussichtsreich.

Man könnte der russischen Funktionärsvernunft klarmachen, wie verzwickt, wie zutiefst paradox Deutschlands heutige Lage ist und was für eine bizarr breite Skala aller nur denkbaren Möglichkeiten, von den besten bis zu den schlimmsten, darin für Rußland beschlossen liegt. Kommt es zu einem Dritten Weltkrieg, so muß Deutschland, wie die Dinge im Augenblick liegen, auf seiten des Westens teilnehmen: Rußland selbst läßt ihm ja keine andere Wahl. Natürlich würde Deutschland seine revisionistischen Ziele an sich lieber friedlich erstreben. Wäre der Krieg jedoch – ganz gleich aus welchem internationalen Grunde – einmal da, so nähme er speziell für Deutschland unvermeidlich den Sinn eines Revisionskrieges an. Mit Kriegslüsternheit und Russenfresserei hätte das wahrlich nichts zu tun. Solange Rußland unter verschiedenen völkerrechtlichen Formen die Elbe-Werra- und die Oder-Neiße-Böhmerwald-Linie behauptet, wäre Deutschlands Neutralität in einem solchen Fall schlechterdings unvollziehbar; im Grunde weiß Rußland das selbst. Und doch könnte Deutschland mit ungemischten Gefühlen an diesem Kriege nicht teilnehmen: Es könnte das Kriegsziel des Westens, die russische Totalniederlage, im Grunde nicht akzeptieren. Käme es nämlich zu dieser Totalniederlage, und trotz Sputnik und Fernrakete wäre dies das wahrscheinlichste, so würden die Westmächte unverzüglich die Schütterzone politisch erneuern, und zwar mutmaßlich in einer mächtigeren, staatlich klügeren Weise als nach 1918. So wäre Deutschland vom ersten Tage an isoliert und umstellt. Inmitten der reaktivierten Nachbarsnachbarschaft erhielte es mit Sicherheit keinen seiner militärischen Anstrengung auch nur halbwegs entsprechenden Preis. Und was es immerhin gewönne, würde sich in der verschlechterten Lage politisch nicht auszahlen. Wie im Herbst 1870 würde der Aufstieg vom schwachen Bundesstaat zum Reich ganz gewiß auch diesmal wieder in der angelsächsischen Welt einen Stimmungsumschwung zum Nachteil Deutschlands hervorrufen. Der Umschwung wäre jetzt, nach zwei unvergessenen Kriegen, mutmaßlich sogar sehr viel heftiger. Und über die innere Haltung der erneuerten Schütterzone gäbe es ohnehin keinen Zweifel. So wäre Deutschland jetzt, wie Bulgarien nach dem Ersten Balkankrieg, zugleich militärischer Sieger und politischer Verlierer. Wie schon das Wilhelminische Reich, aber nun sehr viel krasser, wäre es zu stark für den Frieden und zugleich zu schwach für den Krieg. Es wäre nicht trotz, sondern *wegen* seiner physischen Stärkung, und gerade auch, wenn es aus dieser militärisch das Äußerste machte, *politisch geschwächt.*

Nun wünscht aber bekanntlich Rußland selbst nichts dringlicher als ebendiese politische, wesentlich aus dem Verkühlen der Westbeziehungen resultierende Schwächung Deutschlands. Natürlich wünscht Rußland damit zugleich nicht etwa auch die besagte Ursache: die eigene Totalniederlage im Dritten Weltkrieg. Indes ist diese Ursache auch keineswegs unumgänglich. Die gewünschte Wendung, die politische Schwächung Deutschlands, könnte auch als Wirkung einer ganz anderen Ursache eintreten: *Rußland selbst könnte diese Wendung verursachen.* Es könnte sie mühelos dadurch erreichen, daß es den deutschen Wünschen nach einer östlichen Grenzrevision friedlich halbwegs entgegenkommt. Mit der Freigabe Mitteldeutschlands wäre es allerdings nicht getan. Hinzukommen müßten jenseits von Oder-Neiße und Böhmerwald nach Polen hin etwa noch Deutschlands Grenzen von 1937 und nach der Tschechoslowakei hin das 1938 durch internationalen Vertrag Deutschland zuerkannte Sudetenland. Über Einzelheiten ließe sich reden, wir brauchen darauf hier nicht näher einzugehen. Alles in allem wäre der Preis, den Rußland damit aus seiner Beute von 1945 entrichtete, zwar nicht unbeträchtlich; eindeutig beträchtlicher aber wäre der dadurch erzielte Gewinn. Neben dem größeren, politisch schwächeren Deutschland stünde nun ja im Osten *nicht* die mit westlichen Vorschüssen auf dem Grabe Rußlands erneuerte Schütterzone. Hier stünde jetzt vielmehr Rußland: unbesiegt und in seinem Löwenanteil von 1945 nicht ernstlich geschmälert! Der an Deutschland entrichtete Preis wäre ja, gemessen an Osteuropa im ganzen, nur gleichsam der Ring des Polykrates, vom Überfluß aus Furcht vor dem Götterneide geopfert. Und es wäre ein praktisches Opfer. Rußland schlüge dadurch, wenn man es einmal salopp formulieren darf, zwei Fliegen mit einer Klappe. Durch den bescheidenen Rückzug am Rand seiner Westflanke erreichte es zunächst das, worum es seit gut zehn Jahren einmal laut und einmal leise sich unentwegt bemüht: Deutschlands Neutralität, Deutschlands Ausklammerung aus den Machtblöcken. Und zwar handelte es sich nun nicht etwa um eine bloße staatsrechtlich-formale Neutralisierung, deren Verbindlichkeit über Deklamationen und Garantieerklärungen, Papier und Stimmaufwand schließlich doch von der ungewissen Lebensdauer westlich-demokratischer Staatsmänner und Staatsformen abhinge. In solchen Sachen ist Rußland skeptisch, und dies wahrlich nicht ohne Grund. Was es durch den erwogenen Schachzug hingegen erreichte, wäre etwas ungleich Verläßlicheres: Deutschlands *faktische* Neutralität! Diese Neutralität ist, wie wohl nicht näher ausgeführt werden muß, identisch eben mit jener automatischen Situationsverschlechterung, die sich durch das Verkühlen der Westbeziehungen und das Abtreiben in ein neues Isolationsklima für Deutschland zugleich mit dem physischen Zuwachs unvermeidlich ergäbe. Hier also stünde nicht ein Vertrag und der gute Wille zu seiner Einhaltung, sondern die grause Notwendigkeit hinter der Neutralität. Rußland könnte zufrieden sein, es hätte dem politischen und strategischen Aufmarsch des Westens an der gefährlichsten Stelle die Spitze abgebrochen. Aber auch Deutschland könnte zufrieden sein. Denn diese Neutralisierung, politische Schwächung, erneuerte Isolation, wie immer man es nun nennen will, wäre anderseits eben doch nur die Komplementärfarbe der geglückten Wiedervereinigung. Alles hat nun einmal seinen Preis. Gerade an dem ungekünstelten »Do ut des«, dem Wechselverhältnis von Einbuße und Gewinn, besäße das Arrangement seine innere Garantie.

Und nun also wäre Rußland der Schütterzone erst wirklich sicher. Nun erst, nach der Entfernung des unabsorbierbaren Fremdkörpers, hätte es eine ernstliche Chance, das übrige unter einheitlich slawisch-kommunistischem Vorzeichen zu homogenisieren. Zwischen dieser Bestrebung, die Zeit verlangt, und der unermüdlichen anglo-amerikanischen Aufweichungspolitik läge ja fortan das vergrößerte Deutschland gleich einer massiven Sperrmauer. Und nicht nur rein tatsächlich würde Deutschland so funktionieren, es würde so vielmehr auch funktionieren *wollen*. Es hätte an der Aufrechterhaltung des osteuropäischen Zustandes ja von sich her das dringlichste Interesse. Denn *selbst*, das weiß es von zwei Weltkriegen her, kann es die Schütterzone nicht halten. Jeder Anflug in dieser Richtung verschärft schon das Isolationsklima, jeder systematische Versuch führt unverzüglich über das Heranreifen einer Großen Entente zur Weltkriegskonstellation. Nach einem etwaigen Ende der russischen Hegemonie über Osteuropa bliebe hier für Deutschland mithin nur das Schlimmste, was ihm überhaupt zu passieren vermag: die konstitutionelle Einkreisung durch das erneuerte Bündnis von liberalem Westen und osteuropäischem Nationalismus. Nach dem vorgeschlagenen Arrangement, der Ausräumung ebenso grober wie sinnlos vordergründiger Differenzen, könnte Deutschland der russischen Hegemonie über Osteuropa mithin nur *positiv interessiert* gegenüberstehen. Wesentlich mehr also als bloß Neutralität wäre hier erreicht oder vielmehr, richtiger ausgedrückt, wesentlich mehr als bloß jene kühle Indifferenz, die zu Unrecht gemeinhin als der hauptsächliche Inhalt des Ausdrucks »Neutralität« gilt. Deutschland und Rußland könnten einander fortan wieder *prinzipiell billigen*. Und das erst ermöglicht, wie an anderer Stelle erörtert, eine sozusagen existentielle, dauernd und prinzipiell eingehaltene Neutralität. Und diese also wäre erreicht! Gewiß, die preußisch-russische Freundschaft von einst hätte damit noch nicht neu begonnen; ach, dazu fehlte immer noch viel. Ihre alte sachliche Basis jedoch hätte sich in der Tat erneuert: Aus objektiver Notwendigkeit wären Deutschland und Rußland fortan wieder im tiefen, ursprünglichen Wortverstande eins dem anderen ein Neutrum. Schlagartig hätte Europa an seiner anfälligsten Flanke jene Struktur zurückgewonnen, auf der in glücklicheren Tagen seine Stabilität beruhte. Und das alles wäre nicht erlächelt, wäre weder dem Ursprung noch also auch dem Bestande nach eine Stimmungssache. Die neue Beziehung ergäbe sich vielmehr zwingend direkt aus der Situation: Für beide Seiten brächte derselbe Status denselben Vorteil! Garantievoller ist ein Einvernehmen schlechterdings nicht fundierbar. Und trotzdem wäre und bliebe es immer nur ein spezielles. Nichts von Rapallogeist wäre an ihm. Es wäre mit den Westverträgen der Bundesrepublik, auch mit den bekanntlich rein defensiv gebauten militärischen, nicht nur sehr wohl vereinbar, sondern umgekehrt ohne sie überhaupt nicht erreichbar. Die Entspannung einer Konfliktlage muß ja nicht unbedingt über eine Entente cordiale sofort wieder, nur an anderem Ort, eine neue Konfliktlage herstellen. Das vorgeschlagene Arrangement würde nichts dergleichen verursachen. Zum Zuge käme nach der gefährlichen Monstrosität des gegenwärtigen Zustandes nicht etwa das andere Extrem, nicht »Tauroggen«, Verschwörung und Waffenbrüderschaft gegen den Westen, sondern nur und immerhin eben Neutralität, prinzipielle Billigung auf dem Boden des reaktivierten Grundverhältnisses.

Das alles müßte man Rußland klarmachen. Man müßte es, wie gesagt, der russischen Funktionärsvernunft klarmachen, und natürlich keiner anderen als der heute wirklich vorhandenen: der Staatsvernunft im heutigen, im sowjetischen Rußland. Wir dürfen vor dieser einfachen Wahrheit nicht in den Nebel von Illusionen und wunschbedingten Erwartungen ausweichen. Das deutsch-russische Gespräch, das geführt werden muß, ist politisch-konkret auf genaue Daten und Fakten, auf echte Entscheidungen und reale Ergebnisse hin angelegt. Es ist nicht ausführbar als diffuses Völkergespräch zwischen Deutschen und Russen und also eo ipso und vollends nicht als Gespräch zwischen Deutschen und *emigrierten Russen*. Es ist genausowenig ausführbar als Gespräch zwischen dem Deutschland von heute und einem – sich so fühlenden – Rußland von morgen. Die Unterscheidung von »russisch« und »sowjetisch« hat gewiß ihren Sinn, sie ist gewiß keine bloße Begriffstüftelei. Für den Fragenkomplex, den wir hier erörtern, ist diese Unterscheidung jedoch nicht so wesentlich, wie man oft meint. Gemessen am Glanz einer nahen Vergangenheit erscheint die bolschewistische Revolution des Jahres 1917 als die dramatische Kerbe, bei der das alte Rußland aufhört und etwas völlig Neues, kaum noch typisch Russisches anfängt. Im Blick auf Rußlands Gesamtentwicklung ist jedoch eher das Gegenteil richtig. Die Diktatur einer unkontrollierbaren Staatsgewalt, die Taktik des präventiven Schreckens mit Spitzelwesen, Polizeijustiz, Deportation und Zwangsarbeit, die besondere Terrorisierung der Oberschicht und der Intelligenz, die bürokratische Planwirtschaft mit ihrem Staatsmonopol auf den Außen-

handel, ihren Staatsgütern und Staatsfabriken – dies
ganze ebenso grobe wie raffinierte System wirkte in den
Jahren nach 1917 auf die erschreckte Kulturwelt wie etwas Ungeheuerliches, etwas noch nie Dagewesenes.
Und doch war es nur das Typische, das Alte im neuen
Gewande. Im Großfürstentum Moskau war dasselbe
System, nur mit kleineren Proportionen, bereits voll
entwickelt gewesen. Durch alle Jahrhunderte hatte es
seither die Grundlage dargestellt. Auch im 19. Jahrhundert war es nicht etwa grundsätzlich abgebaut, sondern
nur im einzelnen und sozusagen im Habitus liberalisiert.
Und schon das war dann schließlich des Guten zuviel.
Weil die Zwangsordnung sich bescheiden gemildert hatte und damit schon überhaupt die Ordnung unterspült
war, kam es 1917 in der ersten Revolution zu dem Frei-
heitsexzeß, der die zweite, bolschewistische Revolution
erst technisch möglich und nun auch schon einfach als
Ordnungsschritt unverhofft notwendig machte. In den
jähen Erschütterungen um Traditionsbruch und Fehlentwicklung griff Rußland auf seine ältesten, gröbsten
Behauptungsformen zurück: Es verkrampfte sich, um
sich nicht aufzulösen. Wenn Lenin einmal den Bolsche-
wismus als Sowjetmacht plus Elektrifizierung bestimmte,
so spielte er auf das in der Tat Entscheidende an. Im bolschewistischen System hat sich der uralte moskowitische
Willkürstaat mit den neuen Tatsachen und Erfordernis-
sen des Industriezeitalters auf eine sicherlich nicht ideale,
aber lebensfähige Weise verbunden. Und was speziell
den Marxismus betrifft: Er ist allerdings ein Einfuhr-
produkt, aber das war die alte zarisch-orthodoxe Kulturgestalt ja bekanntlich im Grunde ebenfalls. Der Zwang

zum Ideenimport, ob aus Byzanz oder aus Europa, ist selbst etwas typisch Russisches, und ebenso der pedantische, eigentümlich reizbare Fanatismus, mit dem die Idee dann bewacht und die Tatsache ihres Importes aus dem Bewußtsein verdrängt wird.

Die Hoffnung, daß die sowjetische Herrschaft nicht russisch genug sei, um nicht über kurz oder lang einer anderen, nationaler russischen Platz zu machen, findet hier überall keinen Rückhalt. Und – sie ist nicht einmal eine rechte, eine wahre Hoffnung. Sie ist nur eine vermeintliche. Denn würde die sowjetische Herrschaft wirklich einmal von einer »nationalen« abgelöst, so wäre ja nichts gebessert. Die ferner liegende Schwierigkeit *erscheint* immer als die kleinere. Oft aber *ist* sie es deshalb noch nicht. In unserem Falle erweist sie sich, wenn wir näher zusehen, als die weitaus größere. Das sowjetische Regime *will* uns zur Zeit in der Ostfrage nicht entgegenkommen. Prinzipiell aber *könnte* es dies. Durch den Sieg im Zweiten Weltkrieg und, nicht zu vergessen, den anderen in der dramatisch forcierten Industrialisierung besitzt es hinreichend Autorität, um durch Nachgiebigkeit, durch die Räumung unzweckmäßiger Außenposten, nicht gleich das Gesicht zu verlieren. Das Regime hat diese Nachgiebigkeit denn auch gelegentlich, in Finnland, Österreich und der Mandschurei, schon bewiesen. Was hingegen auf dies Regime nur zu folgen vermöchte, besäße, ob romantisch-zaristisch oder modern-totalitär drapiert, auf lange Sicht keine auch nur entferntest vergleichbare Autorität. Es würde daher, unabhängig von Willen und Einsicht, einfach nicht nachgeben *können*. Es wäre der Gefangene seiner Prestigegrenze. Lassen wir also die Hoffnungen, die in Wahrheit gar keine sind. Geführt werden kann das Gespräch, wenn es überhaupt einen Sinn haben soll, allein mit dem modernen Moskowitertum, das heute vom Kreml aus Rußland regiert.

Sinnvoll hoffen sollte man nicht auf die Katastrophe des sowjetischen Regimes, sondern auf seine Sublimierung. Ganz ähnlich wie bei den Gasen, deren Expansionskraft zugleich mit der Entfernung vom Mittelpunkt abnimmt, ist es auch im geschichtlichen Leben: Mit der Ausdehnung in Raum und Zeit *sinkt* die Intensität. Irgendwann kommt für jede objektivierte Idee, für jede geistige oder staatliche Ordnungswelle der Augenblick, wo sich die Unbedingtheit zur Konvention beruhigt und der Welteroberungsdrang mit der Wirklichkeit seinen Frieden schließt. Das war im Islam die Wendung vom Puritanismus der ersten Kalifen zur Urbanität von Bagdad oder in der Französischen Revolution die vom Konvent zum Directoire. Plötzlich vermochten dann Byzanz oder Österreich mit den eben noch so fanatischen Neuerern wieder ganz vernünftig zu reden. Ein analoger Prozeß der Entzauberung ist im bolschewistischen Rußland seit den dreißiger Jahren unterirdisch im Fluß, seit dem »Tauwetter« nach Stalins Tod ist er aufgebrochen und öffentlich wirksam. Er wird zweifellos unterstützt durch den Aufstieg Rotchinas. Die Nähe einer Großmacht, die ebenfalls orthodox kommunistisch und dennoch heute schon mit Rußland längst nicht mehr wirklich einig ist, beschleunigt in Rußland die Wiederkehr und Verstärkung der klassisch staatspolitischen Denkweise gegenüber der parteidoktrinären, so wie einst die französischen Republikaner, als in aller Welt die Republiken sich mehrten, plötzlich nicht mehr republikanisch, sondern klassisch französisch dachten.

Trotz aller Krisen und Rückschläge darf man mit gedämpfter Zuversicht hoffen, daß die Entzauberung rasch genug fortschreitet, um für das Gespräch noch positiv ins Gewicht zu fallen. Und obendrein könnte man deutscherseits für diese so wichtige Vorentscheidung ja auch etwas *tun*; wir kommen darauf noch zurück. Auf jeden Fall liegt in der fortschreitenden Entzauberung, Beruhigung, Sublimierung des sowjetischen Regimes auch für die Schütterzone die einzige ernstlich zählende Hoffnung. Denn an ihrem Verbleiben im sowjetrussischen Machtbereich ist ohne den Dritten Weltkrieg, den ja doch wohl niemand wünschen wird, auf unabsehbare Zeit nichts zu ändern. Ändern, sozialethisch normalisieren könnte sich jedoch dieser Machtbereich selbst. Und schon das wäre ein Gewinn. Hoffen wir dies also nicht zuletzt auch im Interesse unserer kleinen östlichen Nachbarn, die wir wegen der bösen Vergangenheit ja doch nicht etwa hassen. Wir sind über sie nicht entzückt, wie sie nicht über uns. Aber wir wünschen ihnen deshalb ja doch nicht gleich die Pest an den Hals. Wir wollen ihnen nicht schaden und *würden* ihnen durch das vorgeschlagene deutsch-russische Arrangement auch nicht schaden! Wer dies behauptet und dann von Unchristlichkeit, Machiavellismus, Verrat an Osteuropa zu sprechen anfängt, erliegt damit einem offenbar ziemlich naheliegenden logischen Kurzschluß, einer Verkehrung der Alternative. Denn die Vorwürfe wären allenfalls sinnvoll, stünde wirklich als andere Möglichkeit neben dem vorgeschlagenen Arrangement, das heißt neben der Auslösung Mittel- und Ostdeutschlands aus der sowjetischen Beute von 1945, die Auslösung auch der Schütterzone und damit der *gesamten* Beute. Tatsächlich ist dieser größere Erdrutsch aber doch, wie wir alle wissen, *nicht* möglich. Das heißt er ist, was in diesem Zusammenhang auf dasselbe herauskommt, nur möglich über den Dritten Weltkrieg, den ja doch wohl, wie man nur wiederholen kann, niemand wünschen wird, am wenigsten die Kanoniere hinter dem schweren moralischen Geschütz. Weshalb das vorgeschlagene Arrangement gerade aus dieser Richtung einem so heftigen Dauerbeschuß unterliegt, ist daher beim besten Willen schlechterdings unbegreiflich. Nehmen wir einmal an, daß man deutscherseits die politische Auferstehung der Schütterzone, statt sie fürchten zu müssen, begrüßen dürfte, daß also zum Beispiel bei Polen und Tschechen für die Änderung der unmöglichen Grenzen und die Rücksiedlung, Repropriation und Entschädigung der Vertriebenen das in Wahrheit fehlende Mindestmaß an Entgegenkommen vorhanden wäre. Dann sähe gewiß manches anders aus. Aber der Vorwurf, das projizierte Arrangement löse die ostdeutsche Frage auf Kosten der osteuropäischen, *wäre noch immer genauso sinnlos.* Und die üblichen Gegenpläne, die außer Ostdeutschland auch Polen und die übrigen Länder der Schütterzone befreit haben wollen, setzten noch immer voraus, daß der Katze die Schelle bereits umgebunden *ist.* Wie das geschehen soll, wird nicht verraten. Und doch ist dies die entscheidende Frage. Ja es kann hier im Gegenteil von positiver Fraglichkeit kaum noch die Rede sein. Die Hoffnung, daß Rußland jemals ohne Krieg, auf gutes Zureden oder inneren, revolutionären Druck hin Osteuropa freigeben werde, war niemals etwas anderes als ein frommer Kinderglaube und ist nicht einmal dies mehr, seit russische Panzer den ungarischen Volksaufstand niederwalzten. Denkt man also nur an das friedlich Erreichbare, so ist die Befreiung ganz Osteuropas aus dem sowjetischen Machtbereich keine reale Möglichkeit. Die wahre Alternative zum vorgeschlagenen Arrangement, zur Auslösung Mittel- und Ostdeutschlands aus der russischen Beute, ist nicht ihre *totale* Auslösung, sondern ihr totales *Verbleiben*, ist das Verbleiben auch Mittel- und Ostdeutschlands im sowjetischen Machtbereich. Wir schaden also niemand, wir erkaufen unseren Vorteil nicht mit dem Nachteil anderer Völker, wenn wir die Möglichkeit, die uns spezifisch geboten ist, spezifisch wahrnehmen. Die Anomalie unseres gegenwärtigen Zustandes geht an Elbe und Werra und an Oder-Neiße und Böhmerwald über alle Billigkeit und Vernunft so kraß hinaus, und unser Recht also ist so sonnenklar selbst für unsere Feinde, daß wir im Blick auf unsere Irredenta einen sacro egoismo, einen heiligen Eigennutz, nicht eigens zu bemühen brauchen. Wir können klug wie die Schlangen und ohne Falsch wie die Tauben handeln. Und handeln allerdings sollten wir endlich.

IX.

Wir müssen »mit der Bombe leben«! Das ist als unsere
Not zugleich unsere Aufgabe. Seit 1918 hätten die Vereinigten Staaten bereits mehr als einmal den Weltstaat zu
schaffen vermocht. Damit wäre das ganze heutige Elend,
das Nebeneinander von konventioneller Machtrivalität
und unkonventionell furchtbar gewordener Technik, an
der Wurzel beseitigt gewesen. Und dies hätte 1918 wie
1945 und wohl auch noch in verschiedenen Situationen
dazwischen und danach in bemerkenswert schonender,
keineswegs »römischer« Weise, an der Spitze bereits
siegreicher, eindeutig überlegener Koalitionen geschehen können. Es geschah jedoch nicht, wurde nicht erst
versucht. Die Vereinigten Staaten trugen im Gegenteil
zum Zustandekommen der katastrophalen heutigen
Weltlage noch entscheidend bei, und zwar nicht so sehr
durch absichtlich destruierende Handlungen, obwohl es
auch an solchen besonders um die beiden Kriegsenden
keineswegs mangelte, als vielmehr durch eine wohl ein-
zigartige Serie von politischen Fehlurteilen, Fahrlässig-
keiten und Unterlassungen.

Uns Deutschen, hört man oft sagen, stehe nach unserem eigenen, beispiellos krassen Scheitern eine derartige
Kritik nicht zu. Das ist jedoch eine Halbwahrheit, gilt
nur für eine moralisch gemeinte, eine *anklägerische* Kritik. Und von dieser ist hier keine Rede. Vielmehr wird
jenes Versagen im Zusammenhang nur erwähnt, damit
die Lage, mit der wir es nun einmal zu tun haben, in der
wichtigsten Hinsicht nicht undeutlich bleibt. Nach allem
Vorgefallenen darf man kaum erwarten, daß die Verei-

nigten Staaten, falls sich die Situation von 1918 und 1945 überhaupt mutatis mutandis noch einmal ergeben sollte, nunmehr vernünftiger, realistisch entschlossener als damals handeln würden. Man mag das hoffen, darf jedoch nicht damit rechnen. Man muß sich vielmehr darauf einrichten, noch auf unabsehbare Zeit unter technisch und zutiefst auch schon geistig radikal neuen, unkonventionellen Bedingungen *konventionelle* Politik, klassisch einzelstaatliche Interessenpolitik treiben zu müssen, wie Frankreich unter de Gaulle es bereits wieder tut und wie Großbritannien es im Ernst niemals anders versucht hat. Je klarer sich aus dem amerikanischen Vorsprung in der Kernwaffenproduktion und dem sowjetischen in der Raketenforschung ein Gleichgewicht des Schreckens zurechtpendelt, um so deutlicher wird unter diesem sich paralysierenden Übertod der konventionelle Krieg mit begrenzten Fronten und Schauplätzen wieder zur eigentlichen Gefahr, um so nötiger also wird das Umdenken auch aus simpelsten militärpolitischen Gründen.

Für Deutschland, für die Bundesrepublik als Deutschlands handlungsfähigen Rest, ist das alles besonders heikel. Die Illusionen, mit denen nach dem Zweiten Weltkrieg die siegreichen Vereinigten Staaten ihr Unvermögen, den Frieden zu gewinnen, mehr noch sich selbst als der Welt gegenüber verschleierten, fanden ja nicht ohne Grund gerade in Deutschland so lebhaften Widerhall. Auch hier wollte man etwas verschleiern: Man wollte sich einer kaum noch bestehbar scheinenden nationalen Geschichte auf gute Weise entledigen. Aber das ist nun einmal nicht möglich, nicht wenigstens in so gemütlichen Formen, wie man es sich damals dachte. Ein Volk kann seine Geschichte nur aufgeben, indem es sich selbst aufgibt. Und freilich ist angesichts der höllischen Schrecken, die ringsum drohen, sogar dies noch eine Versuchung. Neben der verblassenden Möglichkeit des Europastaates hat heute anscheinend auch jeder andere Rückzug aus der geschichtlichen Eigenform, hat dieser Rückzug *an sich*, auch als bloße Kapitulation, friedliche nationale Verwesung, noch fast etwas Verführerisches. Und wirklich besitzt ja der westdeutsche Rumpfstaat, auf den mit dem Zerflattern der Illusionen die Last national-staatlicher Verantwortung rasch zurückzufallen beginnt, noch keineswegs wieder die nötige innere Festigkeit. Es steht schlimm um uns. Wollen wir gleichwohl dem Sog in die Auflösung nicht erliegen, so gibt es im übrigen keine Wahl: Wir müssen nicht trotz, sondern wegen der gerade in unserem Fall so besonders mißlichen Startbe-dingungen alles daransetzen, in der unvermutet erneuer-ten alten Gesamtlage, als Staat unter Staaten, uns mög-lichst rasch gleichsam wieder freizuschwimmen.

Wir müssen dies nicht zuletzt *Europa zuliebe*, der ech-ten Koordinationsmöglichkeit zuliebe, die noch immer lohnend genug bleibt, wie subaltern und dürftig sie sich neben den zerplatzenden Illusionen auch ausnehmen mag. Europa ist nun einmal in das Mittelalter und dessen pränationale Gesamtordnung nicht zurückschraubbar. Es ist, wie de Gaulle mit schöner Nüchternheit feststell-te, heute nur neu erreichbar als Gemeinschaft von Vater-ländern. Wir Deutschen waren, ohne es recht zu merken, nach dem Ende des letzten Krieges *schon wieder* auf schie-fer Bahn, als wir gegen unsere nationale Geschichte statt über sie zu Europa wollten. Wir taten auch dem noch gar nicht vorhandenen Überstaat keinen Gefallen, als wir ihm zuliebe eine eigene Ostpolitik unterließen. Wir sind durch das Unglück der beiden Weltkriege im Osten zu kraß zurückgeworfen, als daß wir eine eigene Politik hier überhaupt unterlassen können. Die Unterlassung beweist, mit anderen Worten, in diesem Falle lediglich, daß wir noch nicht wieder wirklich wir, noch nicht wieder wirklich ein Staat sind. Die Buß- und Freundschaftserklärungen, die seit den Entstehungstagen der Bundesrepublik aus Bonn in regelmäßigen Abständen unverlangt nach Osten tönten, verfehlten denn auch durchaus ihre Wirkung. Sie wurden nicht nur in Moskau, sondern auch in Warschau und Prag als unnatürlich, als förmlich pervers empfunden, und zwar mit Recht. Man täuschte sich nur in der Deutung. Man glaubte aus jenen Bonner Tönen entweder einfach die Taktik der Machtlosigkeit oder eine verfeinerte, bösere Tücke herauszuhören. Mit beidem noch tat man der westdeutschen Staatsimprovisation zuviel Ehre an. Denn beides noch wäre, wenn auch in fragwürdigsten Formen, *Politik gewesen*. Politik aber setzt politischen Willen voraus. Und dieser wiederum lebt von »Selbstbewußtsein« im ursprünglichen Wortverstande: vom Bewußtsein der Identität, vom Ertragen also des Umstandes, daß man seine Probleme sowenig auswechseln kann wie sich selbst. Gerade an dem allen aber gebrach es. Anderseits wären wir also schon weiter, wenn wir im Osten etwas *versuchten*. Daß wir durch einen diplomatischen Handstreich, gewissermaßen über Nacht, unsere in Jahrzehnten zerfallenen Stellungen wiedererobern, ist kaum zu erwarten. Aber darauf kommt es zunächst auch nicht an. Es geht erst einmal einfach darum, daß wir auf eine beispiellos krasse Anomalie endlich politisch so reagieren, wie eine Nation, die dies wirklich ist, es in solchem Fall gar nicht anders kann.

Ausschließlich mit routinemäßig politischen Mitteln ist ein deutsch-russisches Arrangement unter den heutigen Umständen allerdings überhaupt nicht erreichbar. Begräbt Rußland einmal ehrlich seine Absicht auf Westeuropa, was ohnehin die Bedingung darstellt, so bleibt noch immer das Mißtrauen. Denn dieses hat hier ja tiefere als nur staatspolitische Gründe: Rußlands Verhältnis zu Deutschland ist, wie überhaupt sein Verhältnis zur politischen Außenwelt, in prinzipieller Weise, von der Ideenbasis her, gestört. Kommt es nicht auch hier zu einer gewissen Normalisierung, so fehlt die innere Voraussetzung schon für das Gespräch und erst recht also für das in diesem erst auszuhandelnde Arrangement. Käme jene Normalisierung aber doch, selbst nur ansatzweise, zustande, so wäre das nicht bloß für Deutschlands und Rußlands speziellen Kontakt von Vorteil, sondern für die gesamte heutige Menschheit: Diese wäre dem Ziel, mit der Bombe zu leben, einen großen Schritt näher gekommen. Durch keinen Einzelfaktor ist diese Aufgabe heute ja so erschwert wie durch Rußlands geistige Isolation. Und wenn auch die Entzauberung, die als Entstalinisierung bereits so deutlich gewesen war, trotz der gegenläufigen jüngsten Entwicklung im Grunde nicht aufhaltbar ist, so hat das doch von sich her bis zur Unterschreitung des kritischen Punktes noch gute Weile. Deutschland müßte versuchen, beschleunigend einzugreifen. Und es *könnte* das. Es ist als das Geburtsland der Hegel, Marx und Engels das einzige Land der Welt, dem sogar russischerseits, bolschewistischerseits eine gewisse diesbezügliche Qualifiziertheit nicht aberkannt wird.

Von Hegel über Marx und Engels wie auch von Hegel direkt zu Lenin war es *deutscher* Geist, der 1917 in Rußland zündete. Rußland ist hier geradezu deutscher als Deutschland. Denn es ist lange her, daß in Deutschland aus deutschem Geist Taten wuchsen. Während man hier für Hegel im 20. Jahrhundert nur eine akademische Renaissance wagte, die in spätliberalen Kulturbeckmessern begann und verglomm, *handelte* Rußland hegelianisch. Freilich handelte es ausschließlich nach jener extravaganten Lesart, in welcher der ursprüngliche Hegel nur, um es in seiner eigenen Sprache zu sagen, als aufgehobenes Moment noch enthalten war. Etwas weniger aufgehobener, etwas mehr originaler Hegel hätte Rußland vermutlich sehr gut getan. Denn »aufgehoben« in jener nachdenklich stimmenden Weise ist nun bekanntlich hier noch manches andere – beispielsweise der Sozialismus in der sowjetischen Staatswirklichkeit! Die vielerörterte Neue Klasse, nach einer treffenden Formulierung die Klasse derer, die gleicher als gleich sind, spricht ja mit ihrer Allmacht und wirtschaftlichen Monopolstellung dem sozialistischen Urgedanken in einer Weise hohn, wie das keine kapitalistische Ausbeuterschicht jemals so kraß vermocht hat. Rußland hat sich, um das Primitive primitiv auszudrücken, *verbiestert.* Es ist vom mutig eingeschlagenen neuen Weg auf einen Nebenweg, einen Holzweg gekommen, hat sich verirrt und verrannt. So schlägt es heute mit Panzern Arbeiterunruhen nieder, steht als böses Prinzip vor der Welt, zu deren Erlösung es auszog. Daß das nicht ewig so weitergeht, daß irgendwo eine Weiche anders gestellt werden muß, weiß es im Grunde selbst, weiß gerade auch die politische Führerschicht sehr genau, wie die Entstalinisierung mit ihren fertigen, massiven Argumenten unabsichtlich verriet.

Eine Operation an der Wurzel wird über kurz oder lang unumgänglich sein. Will man den Staat an der terroristischen Wucherung hindern, so darf man ihn gerade *nicht* ignorieren oder verneinen: Man muß ihn geistig feststellen, ihn in seiner harten Realität von der Idee her bejahen und prägen. Das hatte Hegel am Anfang der neuen Entwicklung im Prinzip getan. Und wenn er dabei als Kind seiner Zeit die Problematik des heraufziehenden Industriezeitalters nicht grundsätzlich genug berücksichtigt hatte, wenn in *dieser* Hinsicht Marx schärfer sah und mit Recht über ihn hinausging, so kam doch über dem Wirtschaftlichen und Gesellschaftlichen nun die Problematik des Staates zu kurz, und das war noch schlimmer. Die moderne Massengesellschaft mit der unüberschaubaren Kompliziertheit ihrer Daseinsapparate kommt ja ohne Staat, ohne koordinierenden Zentralapparat auf keinen Fall aus. Der Staat ist hier aus zwingenden Gründen sogar wesentlich stärker als üblich: Er muß viel mehr als früher ordnen, fordert also mit Recht ein entsprechend größeres Maß an Macht, die er dann organisatorisch viel stärker als früher verselbständigen, viel freier also verwenden kann. Das sind bedenkliche Züge. Wer diese aber ihrer Bedenklichkeit wegen »verneint«, kommt in der Praxis, weil es ohne Staat nun einmal nicht geht, nur über die Zerstörung des bisherigen ehrlichen zur Züchtung eines garantielos machthehlerischen, notwendig sehr viel unangenehmeren. Auch die Ungleichheit des Eigentums oder doch des Besitzes ist praktisch unaufhebbar. Das Zeitalter der Spezialisierung von Leistung und Produktion, der arbeitsteiligen Wirtschaft und Massengütererzeugung kann auf das Geld, das unspezifisch generelle Tauschmittel, ja weniger verzichten als irgendein früheres. Jeder leise Versuch aber, aus »sozialen« Gründen die natürliche Ungleichmäßigkeit des Geldflusses zu regulieren, steigert bekanntlich schon das andere Ärgernis, die bürokratische Staatsallmacht, ins Unerträgliche. Das alles *ist* so! Mit nichts kommt man derartigen Zwangsläufigkeiten so wenig bei, mit nichts fordert man im Gegenteil ihren illegitimen Riesenwuchs so sicher heraus wie mit Versuchen der Leugnung oder Beschönigung. Die Möglichkeit *autonom gesellschaftlicher,* also nicht vom Staate direkt oder vom Gelde indirekt erzwungener, sondern echter Gesellung entspringender Ordnung ist heute, mit anderen Worten, *ungewöhnlich klein.* Daß sie plötzlich so klein war, und am kleinsten gerade beim schwächsten Teil, dem aus altständischer Bindung gelösten, der kapitalistischen Wirtschaft nackt preisgegebenen Industrieproletariat, das eben führte ja zu dem großen Schock, der den Sozialismus in Gang brachte. Die Vision einer Staat und Kapitalismus überwindenden, absoluten Gesellschaft war eine *seelische* Antwort: eine typische Kontrastidee. Sie war politisch entsprechend wirksam und lenkte von der *sachlichen* Antwort doch bereits verhängnisvoll ab. Denn in Wahrheit konnte es nur darum gehen, *den Mindestgehalt an Gesellschaftlichem,* der auch unter den Bedingungen des Industriezeitalters noch möglich ist, zunächst überhaupt zu erkunden, um ihn dann konkret zu entwickeln und damit auf neue Art zwischen das Individuum und die Allmacht des Anonymen den so schmerzlich fehlenden Widerstand einzuschalten. Und das ist heute also nur durchführbar *mit* dem Staat, nicht gegen oder auch nur ohne ihn. Es erfordert schon im begrifflichen Ansatz die Abstimmung der Gesellschaftslehre auf eine entsprechende Staatslehre, auf die Idee eines guten Staates, eines dem Menschen zuliebe das gesellschaftliche Gegengewicht in sich selbst aufnehmenden.

Diese Problematik ist, weil sie im Banne der Utopie ja auch nie recht in Angriff genommen wurde, heute so ungelöst wie vor hundert Jahren. Und sie wird noch von Tag zu Tag dringlicher, je mehr die moderne Massengesellschaft, wie man es heute gern ausdrückt, »atomisiert« wird, je mehr sie also aufhört, Gesellschaft zu sein, je mehr auch die letzten Restbestände, etwa die Familie, anonymen Zwangsläufigkeiten erliegen. Wenn Deutschland dieser heutigen Grundschwierigkeit gegenüber mit neuen Konzeptionen, praktischen Vorschlägen aufwarten könnte, wie es das im vorigen Jahrhundert jeder größeren Zeitfrage gegenüber so eindrucksvoll zu tun verstand, so wäre das ohne Zweifel für Rußland besonders bedeutsam. Keine andere große Nation hat sich ja mit dem sozialen Experiment ähnlich rücksichtslos, bis an den Rand der geschichtlichen Selbstverleugnung, identifiziert wie die russische. Keine muß das unentwegt ähnlich teuer bezahlen. Keine, nicht einmal die deutsche selbst, ist damit im hohen wie auch im tragischen Sinne von der entscheidenden *deutschen* Geistestradition ähnlich tief bestimmt. Die schöpferische Erweckung, Fortbestimmung, Verwandlung dieser Tradition hin zu neuen

Lösungen würde alles, was heute zwischen Deutschland und Rußland an Fragen schwebt, gleichsam von innen her in ein anderes Licht rücken. Rußland erhielte dadurch eine Chance, ohne einen weiteren, gegenläufigen Traditionsbruch und das damit wieder verbundene lebensgefährliche Risiko vom Holzweg auf den Hauptweg zurückzukommen. Deutschland also erhielte wieder etwas von jener *Bedeutung*, jener tieferen, eigentlichen Kulturbedeutung, die es früher über alles Wirtschaftliche hinaus für Osteuropa und insbesondere Rußland besaß. Deutschland braucht diese Bedeutung, die durch Trinkgelder, Kredite, Lieferungsverträge durchaus nicht erreicht werden kann, heute *mehr* als früher! Es braucht sie nämlich nicht etwa erst, wenn es mit Rußland zu jenem Arrangement kommen, also *vorankommen* will. Es würde sie vielmehr auf längere Sicht bereits nötig haben, um auch nur den schmalen Bestand, das bißchen Freiheit und Eigenform im bescheidenen Rest zu *erhalten*. Denn die Zeiten sind rauh. Und Deutschland hat zwei Kriege verloren. Es muß sich trotzdem starkmachen für alle Fälle, das versteht sich von selbst. Doch wird es damit allein fortan nicht mehr zurechtkommen. Es wird lernen müssen, unzulängliche Stärke durch Bedeutung zu kompensieren: wie beispielhaft Attika nach dem Peloponnesischen Krieg und Frankreich nach dem Ende Napoleons. Was heute Frankreich und auch schon dem trotz militärisch gewonnener Weltkriege sich ähnlich einstellenden Großbritannien im Umgang mit den Vereinigten Staaten das Leben so erleichtert, ist das moralische Gewicht jener alten Nationen, das die traditionsarme Supernation gegen ihr eigenes, allen europäischen Maßstäben schauerlich entwachsenes physisches Übergewicht bereitwillig anrechnet. Auf dieselbe Weise hielt Preußen der anderen, östlichen Supernation einst das Gleichgewicht. Aber dies Verhältnis zerfiel dann. Und hier liegt seitdem für Osteuropa die eigentliche, in den äußeren Anomalien um Elbe-Werra- und Oder-Neiße-Böhmerwald-Linie nur gespiegelte Unstimmigkeit. Gerade hier aber sollte auf Grund der deutschen und russischen Traditionslage, der Geistesverwobenheit über Hegel, Marx und Lenin auch Abhilfe nicht unmöglich sein.

Die große Frage ist nun freilich, ob Deutschland so etwas noch *kann*. Wir wagen darauf keine Antwort, jedenfalls keine kategorische. In hypothetischer Weise allerdings haben wir längst geantwortet, und zwar bejahend: Die Ausführungen dieses Buches werden ja sinnlos ohne die stillschweigende Unterstellung, daß wir noch nicht am Ende sind, daß unser Dasein sich für die Weltgeschichte noch lohnt. Das ist unverkennbar und wie eingeräumt eine *Hypothese*. Es ist sogar, wie man zusätzlich einräumen muß, keine sehr überzeugende. Die Kameraden sind vor Verdun gefallen: Deutschland ist heute das Schlaraffenland der Erfolgswichte, denen die moralische Prostitution längst zur selbstverständlichen Voraussetzung des sozialen Aufstiegs wurde. Zugleich aber ist und bleibt es das Land, das mit Preußen im realen und Hegel im idealen Rahmen die heutige Weltgestalt dermaßen prägte wie nicht viele weitere Länder, wie vielleicht nur noch England auf seine ganz andere Weise. Ist das alles endgültig vorbei? Oder könnte die große Vergangenheit, so gründlich sie heute verwirkt scheint, verwandelt noch einmal anfangen? Es wäre nicht das erste Mirakel.

JOHANNES BARNICK
DIE WERKAUSGABE IM LANDT VERLAG

Band 1
DEUTSCH-RUSSISCHE NACHBARSCHAFT

Bis Ende 2022 erscheinen:
Band 2
VOM SINN DES GANZEN.
Die Logik des Schicksals als Schlüssel zur
nachabendländischen Weltzeit

Band 3
DIE DEUTSCHEN TRÜMPFE

Band 4
DEUTSCHLANDS SCHULD AM FRIEDEN

Johannes Barnicks *Deutsch-russische Nachbarschaft* erschien
zuerst 1959 im Dr. Heinrich Seewald Verlag

Trotz aller Bemühungen konnte der Verlag keine
Rechteinhaber ermitteln. Wir bitten darum, daß sich
ggf. Berechtigte beim Verlag melden.

ISBN 978-3-948075-44-6
www.manuscriptum.de